Dr. med. Jörn Klasen
Dr. med. Matthias Riedl | Dr. med. Silja Schäfer

Die Ernährungs Docs

Unsere Anti-Krebs-Strategie

Was Ernährung bei der Prävention, Behandlung und Nachsorge wirklich leisten kann

Mit Texten von Franziska Pfeiffer und Kathrin Burger
sowie Rezepten von Martina Kittler

Inhalt

Die Symbole bei den Rezepten

Antientzündlich
(siehe Tabelle Seite 188)

Fettgesund
(mind. 0,8 g mehrfach ungesättigte Fettsäuren (MUFS) pro 100 kcal)

Proteinreich
(mind. 20 g Eiweiß pro Portion)

Low Carb
(weniger als 30 Energie-% aus Kohlenhydraten)

Vegetarisch

Vegan

Essen, um das Krebsrisiko zu senken

Eine gesunde Ernährung ist leider kein sicherer Schutz vor Krebs. Trotzdem kann das, was jeden Tag auf den Teller kommt, sehr viel bewirken, wenn es darum geht, das Risiko für die tückische Krankheit zu senken, Therapien besser zu überstehen und die Gefahr eines Rezidivs, eines Rückfalls, zu verhindern.

Essen als Medizin, Heilen mit Ernährung, Gemüse statt Tabletten – wenn Sie, liebe Leserinnen und Leser, diese bewährten Prinzipien von uns Ernährungs-Docs kennen, werden Sie sich vielleicht fragen: Kann man eine Krankheit wie Krebs wirklich mit Vollkornbrot, Himbeeren oder Grünkohl besiegen? Nein, das funktioniert leider nicht! Wir sagen es gleich zu Beginn ganz deutlich, denn wir möchten mit diesem Buch keine falschen Erwartungen wecken. Es gibt keine sichere Anti-Krebs-Diät, die man nur einhalten muss, um gegen gefährliche Tumoren gefeit zu sein.

Trotzdem kann jeder für sich eine ganze Menge tun! Auch wenn wir als Ärzte keine Heilung durch gesunde Kost versprechen, haben wir eine sehr gute Nachricht: Denn es gibt einen wissenschaftlich eindeutig belegten Zusammenhang, der Hoffnung macht. Etwa die Hälfte aller Krebserkrankungen entsteht heute durch schlechte Ernährung in Kombination mit einem ungesunden Lebensstil. Im Umkehrschluss gilt also auch: Man hat es selbst in der Hand, an wichtigen Stellschrauben zu drehen! Bereits eine normale ausgewogene Ernährung reduziert das Risiko deutlich. Und es sinkt weiter, wenn Sie „krebsbewusst" zum Beispiel auf die Kraft hochwirksamer Pflanzenstoffe aus frischem Gemüse setzen, die heilsame Wirkung guter Fette nutzen und Ihren Darm mit reichlich Ballaststoffen fit halten. Eine Ernährungsumstellung lohnt sich nicht nur vorbeugend, sie hilft auch während und nach notwendigen Therapien. Zum einen, um gestärkt durch die schwierige Zeit der Behandlungen zu gehen und die Lebensqualität zu erhöhen, zum anderen, um die Gefahr eines Rückfalls zu verringern.

Im ersten Teil dieses Buchs informieren wir Sie über den aktuellen Wissensstand zum Thema Krebs. Wie entsteht die Krankheit? Was sind die größten Risikofaktoren? Welche Früherkennungsuntersuchungen stehen Ihnen zu? Danach geht es um die richtige Ernährung. Welche Nahrungsmittel gehören auf den Teller, welche sollten Sie meiden? Und wie sieht eine optimale Ernährung nach der Diagnose Krebs und bei Therapienebenwirkungen aus? Dazu gibt es mehr als 70 alltagstaugliche Rezepte und viele wertvolle Gesundheitstipps: Erfahren Sie zum Beispiel, wie Sie Ihr Essen mit gesundem Fett ergänzen, Zuckerfallen meiden und Ihren Speiseplan mit antientzündlichen Lebensmitteln aufwerten können.

Alles Gute wünschen Ihnen

Vorbeugen gegen Krebs

Erwischt es mich oder nicht? Diese Frage macht vielen Angst. Obwohl Krebs heute immer besser erforscht und erfolgreicher behandelt werden kann, haben wir nicht alles in der Hand. Die gefürchtete Krankheit ist und bleibt in Teilen einfach Schicksal. Das heißt aber nicht, dass wir ihr hilflos ausgeliefert sind. Jeder kann selbst seine ganz persönliche Prophylaxe betreiben. Der gesamte Lebensstil – vor allem aber die Ernährung – spielt dabei eine entscheidende Rolle.

Krebs, die tückische Krankheit

Krebs ist die zweithäufigste Todesursache. Die Zahl der Erkrankten nimmt immer weiter zu, die Prognosen lassen aber hoffen. Verbesserte Früherkennung, neue Therapien und aktuelle Erkenntnisse über die Rolle des Lebensstils helfen vorbeugend, während und nach der Therapie. Dadurch lassen sich die Überlebensaussichten enorm steigern.

Krebs ist bis heute eine äußerst gefährliche Krankheit, die auch in der modernen Hightechmedizin mit all ihren Möglichkeiten noch immer als unbesiegbar gilt. Es gibt zwar zunehmend bessere, effektivere und schonendere Vorsorge- und Behandlungsmethoden, doch die sind kein Garant für eine Heilung. Ein Teil der Erkrankungen entsteht durch Zufälle, für die der Betroffene nichts kann. Das heißt aber nicht, dass wir dem Schicksal hilflos ausgeliefert sind – nach dem Motto „Gegen Krebs lässt sich ohnehin nichts tun". Das wäre ein Trugschluss, dem niemand erliegen sollte. Denn dann würde man wertvolle Chancen vergeben, mit denen sich die Krankheit im Voraus verhindern oder später besser behandeln ließe. Die Wahrscheinlichkeit, aus reinem Zufall an Krebs zu erkranken, ist sehr gering. Vergleichsweise wenig Menschen haben einfach nur Pech. Internationale Experten gehen mittlerweile davon aus, dass sich etwa die Hälfte aller Krebserkrankungen heute durch einen gesunden Lebensstil verhindern lässt.

Im Laufe des Lebens trifft es jeden Zweiten

Wie verbreitet ist Krebs? Laut des Bundesministeriums für Bildung und Forschung bekommen jedes Jahr ungefähr eine halbe Million Menschen die Diagnose Krebs. Über den Zeitraum des ganzen Lebens betrachtet, trifft es also jeden Zweiten. Schätzungen zufolge wird die Zahl bis ins Jahr 2030 um weitere 23 Prozent steigen. Das liegt aber nicht daran, dass die Krankheit sich weiter ausbreitet, sondern vor allem an der Tatsache, dass wir immer älter werden. Rechnet man die altersabhängigen Einflüsse heraus, ging die Gesamtzahl der Krebserkrankungen in den letzten Jahren bei Männern um zwölf und bei Frauen um fünf Prozent zurück. Auch der Verlauf ist inzwischen seltener tödlich: Das Sterberisiko ist in den letzten Jahren bei fast allen Krebsarten gesunken. Fünf Jahre nach der Diagnose leben etwa zwei Drittel der Betroffenen noch. Vor dreißig Jahren überlebte nur die Hälfte diesen Zeitraum. Das sind so viele wie nie zuvor. In Sachen Vorbeugung, Diagnose, Therapien und Nachsorge hat die Forschung so zahlreiche Erkenntnisse gewonnen, dass zumindest manchen Krebsformen heute gute Heilungschancen zugesprochen werden.

Statistisch gesehen tritt Krebs eher bei älteren Menschen auf – das Durchschnittsalter liegt derzeit bei 70 Jahren. Doch es gibt auch Formen von bösartigen Tumoren, die jüngere Erwachsene, Jugendliche und

!

Zufälle in der Zellteilung

Durch Fehler in der Zellteilung erkranken auch Menschen an Krebs, die sehr gesund leben. Das gilt vor allem für Krebs in Geweben, deren Zellen eine hohe Teilungsrate haben. Forscher fanden heraus, dass sich Stammzellen im Dickdarm 6000-mal im Leben, in der Brust etwa 300- und in der Lunge nur 6-mal teilen. Lungenkrebs entsteht also eher durch Rauchen als durch Zufall. Bei Prostata- und Knochenkrebs sowie bei Hirntumoren hingegen sind 95 Prozent der Krebsmutationen zufallsbedingt.

Die 10 häufigsten Krebsarten nach Geschlecht

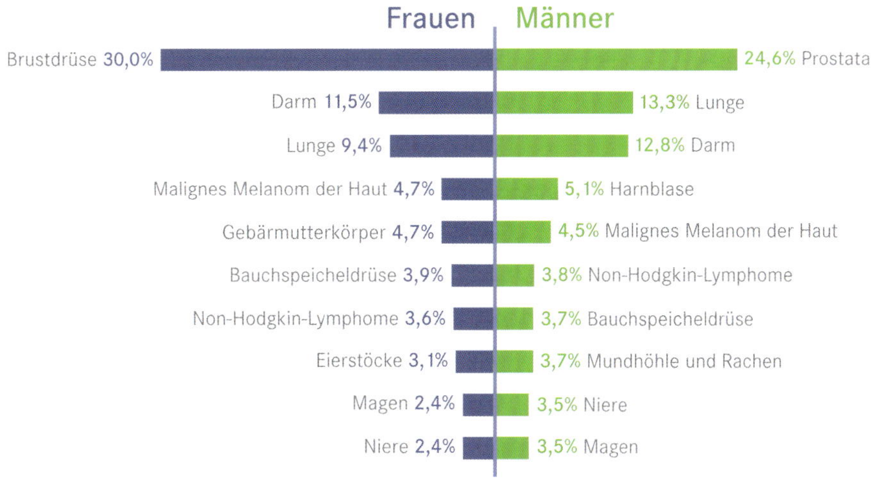

Prozentualer Anteil der häufigsten Tumorlokalisationen an allen Krebsneuerkrankungen in Deutschland 2018 (ohne nicht-melanotischen Hautkrebs). Quelle: Zentrum für Krebsregisterdaten (ZfKD)

sogar Kinder treffen. Männer zwischen 25 und 45 Jahren haben am häufigsten Hodenkrebs. Bei Kindern sind Leukämien mit knapp 34 Prozent die Krebserkrankungen, die am verbreitetsten sind.

Was ist überhaupt Krebs?

Bei Krebs handelt es sich um bösartige Veränderungen von Zellen, die sich überall im Körper bilden und vermehren können. Das heißt, dass sich die kleinsten lebenden Einheiten so verändern, dass sie nicht mehr in der Lage sind, ihre eigentliche Funktion zu erfüllen. Aus einst gesunden Zellen werden Tumorzellen, die sich im Körper verteilen, unkontrolliert wachsen und Gewebe zerstören. Krebszellen bleiben selten dort, wo sie entstehen, sondern breiten sich über das Blut und über das Lymphsystem aus, um an anderen Stellen sogenannte Metastasen zu bilden. Diese Veränderungen passieren durch Fehler im Erbgut (DNA) oder wenn Erbinformationen falsch abgelesen werden. Die Ursachen sind unterschiedlich: Ein solcher Fehler kann zufällig bei der Zellteilung entstehen, aber auch von Veranlagungen, Umweltfaktoren, Krankheitserregern und vom persönlichen Lebensstil beeinflusst werden. Ist die Krankheit ausgebrochen, lässt sich im Nachhinein meist keine eindeutige Ursache feststellen. Im Umkehrschluss gilt aber auch: Nicht jeder, der ein erhöhtes Risiko hat, erkrankt an Krebs.

Der Lebensstil und seine Folgen

Ein individuelles Risiko lässt sich schwer vorhersagen. Nicht nur das Schicksal, sondern auch genetische Faktoren spielen bei der Entstehung der Krankheit eine Rolle. Obwohl Krebs an sich nicht vererbbar ist, haben Menschen, in deren Familie er häufig vorkommt, ein höheres Risiko. Weitere Ursachen reichen von Tabakkonsum über eine falsche Ernährungsweise und zu viel Stress bis zum mangelnden Sonnenschutz. Fest steht: Wo Umwelt und Lebensstil Krebs hervorrufen können, ist er in vielen Fällen auch vermeidbar. Jeder kann mit diesem Wissen seine Risikofaktoren reduzieren und die Wahrscheinlichkeit niedrig halten, an Krebs zu erkranken. In der Prävention spielt der Lebensstil eine ebenso große Rolle wie während der Therapie und in der Nachsorge. Es gibt zwar kein Patentrezept, aber viele Möglichkeiten. Hier finden Sie die wichtigsten lebensstilbedingten Faktoren, die einen Einfluss auf das Krebsrisiko haben (lesen Sie dazu auch Seite 58 ff.):

Rauchen

Insgesamt sind etwa ein Drittel aller Krebserkrankungen auf Tabakkonsum zurückzuführen. Vor allem beim Lungenkrebs ist der Zusammenhang mit dem Rauchen eindeutig. Etwa 90 Prozent der Männer und etwas weniger Frauen, die an Lungenkrebs erkranken, greifen zum Glimmstängel. Lungenkrebs als Folgeerkrankung erklärt sich vor allem dadurch, dass beim Rauchen an die 40 krebserregende Stoffe entstehen, die die DNA beschädigen. Sie bleiben nicht nur in der Lunge, sondern verteilen sich von dort aus auf den ganzen Körper. Deshalb haben Raucher auch ein erhöhtes Risiko für andere Krebsformen – unter anderem in der Mundhöhle, im Rachen und in der Speiseröhre. Gleichzeitig steigt ebenfalls die Gefahr für Leukämie, Magen- und Darmkrebs, Nieren-, Blasen- und Bauchspeicheldrüsenkrebs. Bei Raucherinnen kommt es vermehrt zu Gebärmutterhals- und Brustkrebs. Selbst Passivrauchen fördert die Erkrankung. Ob aktiv oder passiv – in beiden Fällen gilt: Je länger und intensiver gequalmt wird, desto größer ist die Krebsgefahr. Und: Aufhören

So viel Lebenszeit kostet ...

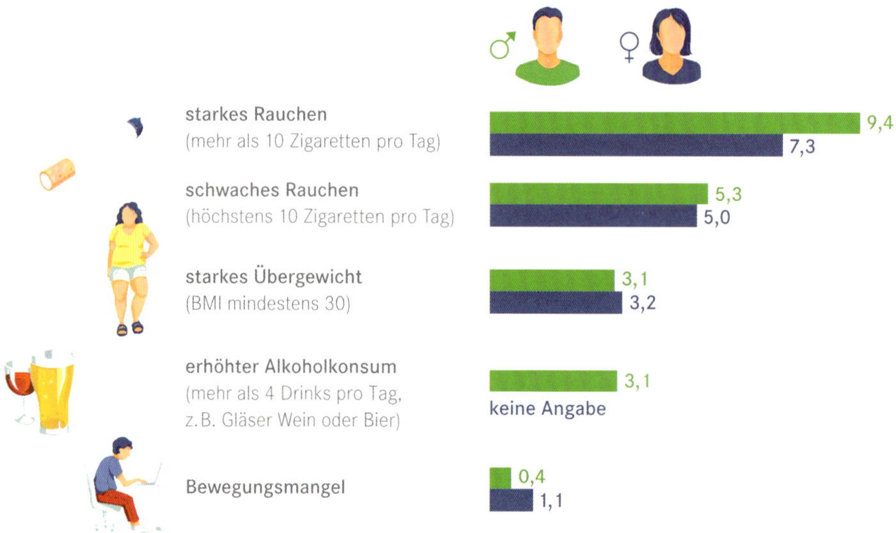

Geschätzter Verlust an Lebenserwartung im Alter von 40 (in Jahren). Quelle: DKFZ

lohnt sich immer. Wer sich in der Mitte des Lebens die letzte Zigarette anzündet, kann sein Lungenkrebsrisiko langfristig auf das eines Nichtrauchers senken. Selbst ein kompletter Rauchstopp mit über 60 erhöht die Lebenserwartung noch um einige Jahre.

Ernährung

Eine Anti-Krebs-Diät gibt es nicht, doch eine ausgewogene, vorwiegend pflanzliche Kost kann das Risiko senken. Denn alles, was wir essen, enthält Stoffe, die einen Einfluss auf die Zellen haben. Unsere Nahrung kann Krebszellen die Ernährungsgrundlage entziehen, statt sie zu füttern. Dabei sollte niemand auf angebliche Wundermittel setzen, sondern vor allem die Grundregeln beachten, die auch sonst für eine gesunde Ernährung stehen und in diesem Buch ab Seite 20 ausführlich behandelt werden. Nach Schätzungen der Weltgesundheitsorganisation (WHO) sind etwa 30 Prozent aller Krebsfälle in den westlichen Ländern auf ungünstige Ernährungs- und Bewegungsgewohnheiten zurückzuführen. Das gilt vor allem für Darmkrebs, aber auch für Brustkrebs, zumindest bei Frauen nach den Wechseljahren.

Übergewicht

Beim Zusammenhang zwischen Krebs und Ernährung kommt es nicht nur darauf an, was wir essen, sondern auch wie viel. Übergewicht gilt als wesentlicher Risikofaktor. Studien – unter anderem von der Internationalen Krebsforschungsagentur (IARC) – gehen davon aus, dass zu viel Körpergewicht das Risiko für mindestens 13 Krebsarten erhöht. Der Grund: Bei Übergewicht (insbesondere Fetteinlagerungen im Bauchbereich) produziert der Körper ungesunde Hormone und Wachstumsfaktoren, welche die Entwicklung von Krebszellen beschleunigen und chronische Entzündungen hervorrufen, die wiederum die DNA schädigen können. Zu viel und zu ungesundes Essen in Kombination mit Bewegungsmangel erhöht das Darmkrebsrisiko, bei Frauen in und nach den Wechseljahren auch das für Brust- und Gebärmutterschleimhautkrebs. Führt falsche Ernährung zu Übergewicht, bilden sich bösartige Tumoren auch vermehrt an den Nieren, der Gallenblase und der Speiseröhre.

Alkohol

Mit dem Alkohol verhält es sich ähnlich wie mit dem Rauchen. Auch hier gilt: Je mehr, desto größer ist die Krebsgefahr. Experten schätzen, dass weltweit etwa fünf Prozent aller Krebserkrankungen auf zu viel Alkohol zurückzuführen sind. Dazu gehören vor allem Bauchspeicheldrüsen-, Brust-, Darm-, Kehlkopf-, Leber- und Speiseröhrenkrebs sowie Krebs im Mund-Rachen-Raum. Das liegt daran, dass Alkohol unter anderem zu einem Folsäuremangel (schädlich für die DNA), zu oxidativem Stress (behindert die Zellreparatur) und ungünstigen Hormonveränderungen führen kann. Außerdem schädigt Alkohol möglicherweise die Schleimhaut und macht anfälliger für krebserregende Viren. Beim Abbau von Alkohol entstehen Zwischenprodukte (Acetaldehyd und Acetat), die die Leberzellen direkt schädigen. Vermutlich können auch andere ungesunde Substanzen ihre krebserregende Wirkung unter Alkoholeinfluss besser entfalten. Wichtig zu wissen: Alkohol ist immer schädlich, es gibt keine unbedenklichen Mengen.

Infektionen

Die Frage, ob Viren und Bakterien Krebs auslösen, ist bisher nur teilweise geklärt. Fest steht, dass es sogenannte Tumorviren gibt, die Krebs fördern. Was aber im Umkehrschluss nicht bedeutet, dass bestimmte Infektionen automatisch zu Krebserkrankungen führen. Etwa jede sechste Erkrankung geht auf eine Infektion mit Viren oder anderen Erregern zurück. Hepatitis-B- und Hepatitis-C-Viren (Auslöser für Leberkrebs) und sogenannte humane Papillomviren (HPV), die Gebärmutterhalskrebs und andere Krebsarten verursachen können, sind Beispiele dafür. Zu den krebserregenden Bakterien gehört Helicobacter pylori, das zu Magengeschwüren und Magenkrebs führen kann. Infektionen lassen sich in der Regel früh erkennen, sodass sie zeitig behandelt werden können. Der beste Schutz gegen eine Virusinfektion sind Impfstoffe, die aber (noch) nicht für alle Infektionen zur Verfügung stehen.

Sonnenstrahlung

Sind Hochspannungsleitungen überm Haus gefährlich? Geben Elektrogeräte Strahlen ab? Warum sollte man sich nicht zu oft Röntgenstrahlen aussetzen? Geht es um Strahlung, wird oftmals von erhöhter Krebsgefahr gesprochen. Das gilt aber nur für einen geringen Teil von fünf bis sechs Prozent aller Fälle. Die größte Gefahr geht von Sonnenstrahlen aus, die Hautkrebs verursachen können. Ob zu viel aufs ganze Leben verteilt oder zu intensiv auf der Haut, die keine Sonne gewohnt ist – UV-Strahlung ist der Hauptrisikofaktor für Hautkrebs. Vor allem, wer in der Kindheit und Jugend häufig einen Sonnenbrand riskiert, erhöht die Gefahr. Wer an Leberflecken verdächtige Veränderungen feststellt, sollte baldmöglichst eine Ärztin oder einen Arzt aufsuchen.

Negativer Stress

Kann Stress im Körper Krebs auslösen? Diese Frage beschäftigt viele Menschen, die häufig unter Druck stehen. Wissenschaftliche Belege dafür gibt es nicht. Genauso wenig kann man von bestimmten Persönlichkeitsmerkmalen auf ein erhöhtes Risiko schließen. Dass es trotzdem einen Zusammenhang zwischen negativem Stress und der tückischen Krankheit gibt, liegt an etwas anderem: Unter Druck neigen wir zu ungesundem Verhalten. Um Stress abzubauen, greifen viele beispielsweise zu Zigaretten. Oder sie stillen ihr Bedürfnis nach Belohnung und Beruhigung mit zuckerhaltigen Snacks und Lebensmitteln. So mancher greift auch zu Alkohol, um Überforderungen zu kompensieren oder zu vergessen. Es gibt bisher nur Vermutungen, denen zufolge Stresshormone wie Cortisol Zellen biochemisch so verändern, dass Tumoren leichter entstehen. Stressbedingte hormonelle Veränderungen schwächen möglicherweise das Immunsystem und begünstigen das Krebsrisiko. Einige hilfreiche Tipps, wie Sie besser mit negativem Stress umgehen oder ihn möglichst ganz vermeiden können, finden Sie ab Seite 58.

Gene

Genveränderungen werden zwar selten vererbt, aber wer sein familiäres Risiko kennt, kann vorbeugend etwas tun. Gut bekannt sind die Brustkrebsgene BRCA 1 und 2. Frauen, in deren Familie mehrfach Brust- oder Eierstockkrebs aufgetreten ist, können per Bluttest feststellen lassen, ob sie die Mutation in sich tragen. Engmaschige Früherkennungsuntersuchungen sind dann ratsam, in manchen Fällen auch Operationen. Bei etwa einem Viertel der Dickdarmkrebsfälle finden sich familiäre Häufungen. Bestimmte Erbkrankheiten verursachen fünf bis sechs Prozent aller Darmkrebsfälle. Den Betroffenen stehen besondere Früherkennungsuntersuchungen zur Verfügung – unter anderem eine jährliche Darmspiegelung bereits ab 25 Jahren (siehe auch Seite 15).

Umweltfaktoren

Die Sorgen sind groß, die statistische Wahrscheinlichkeit relativ klein: Im Vergleich zu anderen Lebensstilfaktoren sind umweltbedingte Krebserkrankungen eher selten. Luftverschmutzung, Gifte und Co. können aber trotzdem ein gesundheitliches Risiko sein. Dazu gehören zum Beispiel die Belastungen mit Feinstaub oder anderen Schadstoffen, Radon in Innenräumen oder künstliche UV-Strahlung in Solarien. Wer beruflich mit Gefahrstoffen (wie Asbest) arbeiten muss, ist ebenfalls gefährdet. Hier gilt es, Sicherheitsvorschriften einzuhalten und Schutzmaßnahmen zu ergreifen.

Immunsystem

Auch unser Immunsystem hat einen nicht zu unterschätzenden Einfluss auf das Krebsrisiko. Warum lässt die körpereigene Abwehr einige Angriffszellen durch und andere nicht? Über diese Frage wird noch viel geforscht. Bisher steht fest, dass das Immunsystem keineswegs machtlos gegenüber bösartigen Zellen ist. Es wirkt häufig effizient im Hintergrund und schützt unbemerkt vor Attacken, doch es erwischt nicht alles. Denn manche Tumorzellen arbeiten so raffiniert, dass sie unsere Abwehrkräfte überlisten. Sie verändern sich, um für das Immunsystem unsichtbar zu werden, oder sie senden Signale, die die verteidigenden Zellen hemmen. Deshalb ist es als Schutz gegen Krebs nicht damit getan, einfach das Immunsystem zu stärken. Dennoch bieten die Erkenntnisse Ansätze für neue Therapien. Diese sogenannten Immuntherapien sind vielversprechend, kommen allerdings nur für wenige Patienten infrage.

!

Infekte in der Kindheit können vor Krebs schützen

Die Wahrscheinlichkeit, dass im späteren Leben Krebs auftritt, lässt sich möglicherweise bereits in der Kindheit senken, indem Eltern dafür sorgen, dass ihr Nachwuchs kleine Infekte durchsteht. Schweizer Wissenschaftler fanden heraus, dass Erwachsene, die in ihrer Kindheit häufig Infekte hatten, später seltener an Krebs erkranken. Vor allem typische Baga tellinfekte gelten als Training für das Immunsystem. Auch Erwachsene bringen ihre Abwehr auf Trab, indem sie virale Mini-Infekte ohne erkennbare bakterielle sogenannte Co-Infektionen selbst auskurieren und nicht sinnlos mit Antibiotika bekämpfen.

Medikamente

Aussagen wie „Diese Medizin ist krebserregend“ oder „Von diesem Medikament geht keine Krebsgefahr aus“ sind nicht seriös, denn man muss jedes Mittel einzeln und in Relation zu seinem Nutzen betrachten. Die Angst vor pauschal krebserregenden Medikamenten ist in der Regel unbegründet. Trotzdem gibt es eine für die Betroffenen bittere Erkenntnis: Medizin, die die gefährliche Krankheit bekämpfen soll, kann in manchen Fällen selbst zum Auslöser werden. Dann sprechen Ärztinnen und Ärzte von einer Zweitkrebserkrankung. Dazu gehören unter anderem Chemotherapien, bei denen genau abgewogen werden muss, welche Folgen ein Verzicht hätte. In der Regel ist der Gewinn größer als die „Nebenwirkungen“ in Form von Zweitkrebserkrankungen, die mit regelmäßigen Kontrollen frühzeitig entdeckt werden können. Im Übrigen sind Zweiterkrankungen, die durch Chemotherapien entstehen, meist sehr aggressiv. Relativ bekannt ist das Medikament Tamoxifen, das die Östrogenrezeptoren in verschiedenen Geweben blockiert. Dadurch soll die Krankheit aufgehalten werden. Die Behandlung kann aber das Risiko für Tumoren in der Gebärmutter erhöhen. Abhängig von der Anwendung und der Wirkstärke geht auch von Immunsuppressiva eine Krebsgefahr aus.

Bewegungsmangel

Wer sich fit hält, hat zwar keine Garantie, von Krebs verschont zu bleiben, doch senken körperliche Aktivitäten das Risiko – vor allem für Darm- und Brustkrebs. Die Tatsache, dass etwa jeder dritte Krebsfall auf Lebensstilfaktoren wie Übergewicht, ungesunde Ernährung und Bewegungsmangel zurückzuführen ist, belegt, dass Sport sich lohnt. Das gilt nicht nur vorbeugend. Um Therapien zu meistern, hilft Bewegung enorm. Sie muss aber dem Leistungsstand sehr genau angepasst werden. Denn vor allem am Anfang besteht die Gefahr, sich zu überfordern.

Krebsfrüherkennung: Das steht Ihnen zu

Am Anfang sind die Symptome meist nicht eindeutig. So kann viel wertvolle Zeit vergehen, bis eine notwendige Behandlung beginnt. Dabei gilt: Je früher Krebs erkannt wird, desto besser sind die Chancen auf Heilung. Lesen Sie hier, warum Früherkennung sehr wichtig, aber keine Garantie fürs Gesundbleiben ist.

Soll ich oder soll ich nicht hingehen? Viele Menschen nehmen die Leistungen der gesetzlichen und privaten Krankenkassen zur Krebsfrüherkennung nicht in Anspruch. Die Gründe dafür sind unterschiedlich. Der Gedanke „Mich wird es schon nicht treffen" ist weitverbreitet. Etwa zwei Drittel derjenigen, die keine Checks machen, gaben in Umfragen an, prinzipiell nur eine Ärztin oder einen Arzt aufzusuchen, wenn es ihnen schlecht geht. Andere vergessen die Termine, kennen ihre Rechte nicht oder haben einfach Angst, dass die tückische Krankheit bei ihnen festgestellt wird und sie nicht wissen, wie sie damit umgehen sollen.

Behandlung vor dem Ausbreiten

Im Durchschnitt nehmen nur zwei von fünf Berechtigten die Angebote wahr. Das ändert sich erst mit dem Älterwerden. Ab 55 Jahren nutzen immerhin mehr als die Hälfte die Möglichkeiten, auf die jeder Krankenversicherte ein Recht hat (siehe Kasten). Die Angebote stehen Menschen ohne familiäre Vorbelastung zur Verfügung; ansonsten ist es eine individuelle Entscheidung der Ärztin oder des Arztes. Bei Früherkennungsuntersuchungen wird vor allem auf Vorstufen und bösartige Tumoren geachtet. Brust- und Gebärmutterhalskrebs bei Frauen und Prostatakrebs bei Männern lassen sich früh erkennen. Haut- und Darmkrebs stehen bei beiden Geschlechtern auf der Checkliste.

Darmspiegelung mit Mehrwert

Der Darmkrebsfrüherkennung kommt eine besondere Rolle zu, denn die Darmspiegelung (Koloskopie) hat im Vergleich zu anderen Methoden einen großen Vorteil: Wenn etwas Auffälliges gefunden wird, können Ärztinnen und Ärzte schon während der Untersuchung mit der Behandlung beginnen. Wird zum Beispiel ein sogenannter Polyp (ein gutartiger Krebsvorläufer) entdeckt, kann er bereits während der Darmspiegelung entfernt werden. Die Koloskopie kommt nicht nur im Rahmen der Vorsorgeprogramme zum Einsatz. Sie wird auch gemacht, um Darmerkrankungen möglichst frühzeitig abzuklären. Ob Blut im Stuhl, häufige Blähungen, wiederholter Durchfall oder unbeabsichtigte Gewichtsabnahme – bei diesen Symptomen sollte man sich einer Darmspiegelung unterziehen.

Individuelle Gesundheitsleistungen

Über die Leistungen der Krankenkassen hinaus gibt es auch noch die sogenannten Individuellen Gesundheitsleistungen (IGeL), die nicht zum gesetzlichen Programm gehören und deshalb selbst bezahlt werden müssen. Dazu zählt der PSA-Test bei Männern, bei dem ein prostataspezifisches Antigen bestimmt wird. Trotz Unsicherheiten empfehlen viele Urologen ihren Patienten diesen Test. Auch in der Leitlinie „PSA-gesteuerte Früherkennung des Prostatakarzinoms" der Deutschen Gesellschaft für Urologie (DGU) wird er als sinnvoll erachtet – in Kombination mit dem Abtasten der Prostata verbessert er die Aussagekraft. Eine vaginale Ultraschalluntersuchung dient der Früherkennung von Eierstock- und Gebärmutterkörperkrebs bei Frauen. Diese Untersuchung ist vor allem bei unklaren Beschwerden im Unterleib eine sinnvolle Ergänzung zu anderen Früherkennungsmethoden und wird in diesem Fall von der Kasse erstattet.

Die Teilnahme an Krebsfrüherkennungsuntersuchungen ist selbstverständlich freiwillig. Es ist eine persönliche Entscheidung, über die jeder nachdenken und sich informieren sollte. Doch bevor man nicht hingeht, ist es wichtig, sich zu fragen: Wie groß ist das Risiko, wenn man sich nicht untersuchen lässt und stattdessen den Kopf in den Sand steckt? Auch bei anderen Arztbesuchen können falsche oder unangenehme Befunde herauskommen. In der Medizin gibt es keine hundertprozentige Sicherheit. Aber geht man deshalb nicht zum Arzt?

Früherkennung ist keine Vorsorge

Das Wort „Vorsorge“, das irrtümlicherweise häufig für Früherkennung genutzt wird, signalisiert möglicherweise falsche Sicherheit. Nach dem Motto „Ich war ja bei der Vorsorge“ vernachlässigt oder ignoriert so mancher körperliche Beschwerden oder Auffälligkeiten, wegen denen er sonst sofort eine Arztpraxis aufsuchen würde. Nicht jeder Patient ohne Befund ist tatsächlich gesund – Tumoren können sich auch zwischen zwei Vorsorgeterminen entwickeln. Trotz unauffälliger Röntgenbilder bekommen beispielsweise 20 von 1000 Frauen Brustkrebs. Eine echte Vorsorge gibt es nur bei Darmkrebs, Gebärmutterhalskrebs und bei manchen Formen von Hautkrebs. Bei der Früherkennung hingegen wird nicht behandelt; es geht lediglich darum, einen Tumor frühzeitig zu entdecken und ihn somit möglichst schnell und effektiv therapieren zu können.

Angebote der gesetzlichen Krankenkassen zur Früherkennung

FÜR FRAUEN

Um **Brustkrebs** frühzeitig zu entdecken, wird die Brust vorsorglich ab dem 30. Lebensjahr einmal im Jahr von der Frauenärztin oder dem Frauenarzt abgetastet. Außerdem ist es ratsam, die Brust selbst einmal im Monat (am besten jeweils nach der Periode) abzutasten, denn Frauen entdecken Veränderungen oder Verhärtungen häufig selbst.

Zwischen 50 und 70 können Frauen alle zwei Jahre eine Mammografie (spezielle Röntgenaufnahme) machen lassen, auf der Tumoren eventuell im Frühstadium zu erkennen sind.

Bereits ab 20 Jahren bieten die gesetzlichen Krankenkassen jährlich eine Genitaluntersuchung auf **Gebärmutterhalskrebs** an.

FÜR MÄNNER

Für Männer ist die Früherkennung von **Prostatakrebs** wichtig. Sie ist ab dem 45. Lebensjahr einmal jährlich im Programm. Dabei werden die Lymphknoten in der Leiste sowie die Geschlechtsorgane untersucht und die Prostata abgetastet.

FÜR FRAUEN UND MÄNNER

Eine Ganzkörperuntersuchung zur Erkennung von **Hautkrebs** steht gesetzlich Versicherten ab 35 alle zwei Jahre zu. Viele Krankenkassen bieten das Screening als Zusatzleistung auch schon ab 20 Jahren an. Informieren Sie sich am besten direkt bei Ihrer Kasse.

Um **Darmkrebs** frühzeitig zu erkennen, haben Frauen und Männer ab 55 alle zwei Jahre das Recht auf eine Untersuchung auf Blut im Stuhl (Stuhltest; iFOBT). Männern stehen ab 50 und Frauen ab 55 außerdem zwei Darmspiegelungen jeweils im Abstand von zehn Jahren zu. Sie gelten als zuverlässigste Früherkennungsmethode.

Darmkrebs - Prävention und Nachsorge

Darmkrebs ist eine Krebsart, auf die wir großen Einfluss haben. Insgesamt ließen sich 55 Prozent der Darmkrebsfälle durch einen gesunden Lebensstil vermeiden. Risikofaktoren sind: Rauchen, Bewegungsmangel, Übergewicht, eine ballaststoffarme Ernährung sowie der Verzehr von zu viel rotem und verarbeitetem Fleisch. Dr. Silja Schäfer erklärt die Zusammenhänge.

Welche Symptome können auf Darmkrebs hindeuten?

Genau hier könnte bereits ein Problem lauern: Darmkrebs kann sich zu Beginn heimlich und still entwickeln und eben keine oder nur wenig Beschwerden beziehungsweise Symptome verursachen. Manchmal wundern sich Patienten lediglich über ein Schwächegefühl, Müdigkeit oder ungewollten Gewichtsverlust. Deshalb ist es so immens wichtig, Darmkrebsfrüherkennung zu betreiben. Wenn man jedoch Blut im Stuhl feststellt, eine veränderte Stuhlfrequenz - wie zum Beispiel Durchfall und Verstopfung in unregelmäßigem Wechsel -, eine veränderte Stuhlkonsistenz oder häufige starke Bauchschmerzen hat, dann gilt es, spätestens jetzt einen Arzt aufzusuchen, um Untersuchungen in die Wege zu leiten.

Welche Menschen erkranken besonders oft an Darmkrebs?

Jährlich erkranken in Deutschland rund 26 000 Frauen und rund 32 900 Männer an Darmkrebs. Darmkrebserkrankungen sind für etwa 26 000 Todesfälle pro Jahr verantwortlich. Und obwohl es in den letzten Jahren eher eine Erkrankung ab 50 war, sehen wir aktuell erschreckend viele aggressivere Neuerkrankungen schon bei Jüngeren zwischen 20 und 40. Gründe hierfür liegen möglicherweise in unserer Ernährung mit einem zu hohen Konsum von zuckergesüßten Getränken wie Soft- und Energydrinks. Hier bedarf es jedoch weiterer wissenschaftlicher Untersuchungen. Allerdings gibt es aufgrund dieser Entwicklung in den USA bereits die Empfehlung, sich einer präventiven Koloskopie, also einer Darmspiegelung, schon ab 45 Jahren zu unterziehen. In Deutschland wird diese Untersuchung ab 50 beziehungsweise 55 Jahren von den Krankenkassen bezahlt.

Was sind die Ursachen für Darmkrebs?

Die Risikofaktoren für Darmkrebs sind vielseitig. Die drei häufigsten Ursachen liegen nach aktuellem Wissensstand im Bereich unseres Lebensstils. Hauptrisikofaktor ist Übergewicht, darauf folgt zu wenig Bewegung. Bei „wenig Bewegung" denken viele an „wenig Sport". Aber auch wer viel sitzt und sich im Alltag wenig bewegt, etwa den Aufzug nimmt, anstatt Treppen zu steigen, hat gesundheitliche Nachteile. An dritter Stelle erhöht eine ungesunde Ernährungsweise das Risiko für Darmkrebs. Das ist der Fall, wenn zu viele Wurst- und Fleischwaren, zu viele Fertigprodukte und hochverarbeitete Lebensmittel sowie zu viele zuckerreiche Getränke konsumiert werden, während Ballaststoffe und sekundäre Pflanzenstoffe zu kurz kommen. Aber auch ein familiär erhöhtes Risiko, eine chronisch-entzündliche Darmerkrankung oder weitere Lebensstilfaktoren wie übermäßiger Alkoholkonsum und Rauchen sind hier zu nennen.

Welche Therapiemöglichkeiten gibt es heute?

Jährlich gibt es neue Therapieoptionen bei Darmkrebs, insbesondere im Bereich der Immuntherapie. In der Regel ist die Operation (offen oder minimalinvasiv) die häufigste Behandlungsform. Hierbei werden Teile des Darms mit dem entarteten Gewebe entfernt - das können wenige Zentimeter sein bis hin zum halben oder kompletten Dickdarm. Nach der OP können weitere Therapieoptionen wie Bestrahlung, Chemotherapie oder spezielle neuere Immuntherapien folgen. Es kommt auf verschiedene Faktoren an: etwa die Größe und Lage des Tumors, ob sich Tochtergeschwulste in anderen Organen gebildet haben oder ob Lymphknoten befallen sind.

Kann denn die Ernährung während der Therapie unterstützen?

Je nachdem, wie groß der operative Eingriff ausfiel und wie viel vom Dickdarm entfernt wurde, kann es sein, dass man sich zunächst angepasst ernähren muss, um den Darm für eine bessere Wundheilung zu entlasten. Häufig hören Darmkrebspatienten von ihren behandelnden Ärzten: „Essen Sie alles, was Ihnen schmeckt." Der Grund hierfür ist, dass die Therapie, insbesondere bei zusätzlicher Chemotherapie, oftmals zu Appetitlosigkeit mit Übelkeit und in der Folge zu einer Mangelernährung führen kann. Und obwohl der Darmkrebs zumeist im Dickdarm sitzt, kann es durch eine Chemotherapie auch zu einer Schädigung des Dünndarms kommen. Hier muss man individuell beraten und behandeln und Mikronährstoffe im Blut engmaschig kontrollieren. Insgesamt gilt es, das eigene Immunsystem des Körpers zu stärken.

Welche Prognose hat man als Patient?

Je früher Darmkrebs entdeckt wird, desto besser ist die Prognose. Eine Heilung ist möglich. Die Prognose für den weiteren Verlauf hängt stark vom Tumorstadium und von Tochtergeschwulsten ab. Durch jährlich neue Therapieoptionen nimmt die Zahl der Todesfälle ab. Leider gibt es jedoch auch immer wieder Darmkrebserkrankungen, die erst im Endstadium festgestellt werden - mit Überlebenszeiten von 12 bis 24 Monaten.

Was sollte man als Darmkrebsüberlebender in Sachen Ernährung beachten?

Man sollte nicht wieder in alte Ernährungsmuster fallen, die den Krebs möglicherweise verursacht haben könnten. Wer übergewichtig oder adipös ist, sollte idealerweise die Ernährung so anpassen, dass das Gewicht langsam und kontinuierlich sinkt. Schützend wirkt auch eine pflanzenbasierte Ernährungsform mit einem möglichst hohem Ballaststoffanteil, auch aus Hülsenfrüchten. Ballaststoffen und sekundären Pflanzenstoffen wird ein stark schützender Effekt zugeschrieben. Verarbeitetes Fleisch (wie Wurstwaren) wird von der WHO als krebserregend, rotes Fleisch als wahrscheinlich krebserregend eingestuft. Idealerweise sollte man daher Wurst und Wurstwaren ganz vom Speiseplan streichen und rotes Fleisch möglichst selten konsumieren. Eine mediterrane Ernährungsweise mit reichlich frischem Gemüse und gesunden Fetten, beispielsweise aus Fisch und hochwertigen Ölen, hat sich als wirksam gegen das Neuauftreten von Darmtumoren gezeigt.

Ist Bewegung auch in der Nachsorge hilfreich?

Ja. Bewegung ist nicht nur in der Prävention von Darmkrebs wichtig, sondern auch während der Therapie und wenn man die Krankheit überstanden hat. Sportliche Aktivität kann Rezidive, also Rückfälle, verhindern und die Sterblichkeitsrate um bis zu 40 Prozent senken. Wer körperlich fit ist, kann sich nach einer Darmkrebsoperation meist besser erholen. Körperliche Aktivität verbessert bewiesenermaßen die Lebensqualität. Die Art des Trainings sollte aber immer mit der Ärztin oder dem Arzt abgesprochen werden.

Risikofaktor Übergewicht

Zu viele Pfunde auf den Rippen können die Krebsentstehung befeuern. Derzeit sind rund 60 Prozent der Erwachsenen hierzulande übergewichtig, 23 Prozent sogar adipös, also fettleibig. Tendenz steigend.

Übergewicht ist nach dem Rauchen der zweitwichtigste veränderbare Risikofaktor für Krebs. Ein Body-Mass-Index (BMI) von über 25 zeigt Übergewicht an, liegt der BMI über 30, spricht man von Adipositas (Fettsucht). Im Vergleich zu einer Frau mit Konfektionsgröße S oder M verdoppelt eine Frau mit einem BMI von 30 ihr Risiko für Tumoren. Dieser BMI entspricht zum Beispiel 82 Kilo bei einer Körpergröße von 1,65 Metern. Dabei steigt mit dem Gewicht auf der Waage auch das Krebsrisiko an. Und wer bereits seit der Kindheit oder Jugend stets zu viele Pfunde mit sich herumschleppt, ist in größerem Maße gefährdet als diejenigen, die erst im Seniorenalter an Gewicht zulegen. Tatsächlich sind in den letzten Jahren immer häufiger jüngere Menschen zwischen 20 und 40 Jahren von Krebsarten betroffen, die durch Übergewicht mitverursacht werden. Wer schon im Jugendalter moppelig ist, vervierfacht sein Risiko für Pankreaskrebs. In Großbritannien gehen heute schon mehr Fälle von Darm-, Nieren-, Leber- und Eierstockkrebs auf übermäßiges Körpergewicht zurück als auf Rauchen.

Erhöhtes Risiko für viele Krebsarten

Derzeit gehen etwa sechs Prozent der Tumorerkrankungen auf das Konto von Übergewicht und Adipositas. Im Jahr 2018 waren das rund 31 000 Krebsfälle, das haben Forscher des Deutschen Krebsforschungszentrums (DKFZ) in Heidelberg berechnet. Für folgende Tumorarten ist ein höheres Krankheitsrisiko durch Übergewicht eindeutig belegt: Speiseröhre, Pankreas, Leber, Dickdarm, Brust, Gebärmutter und Nieren. Wahrscheinlich fördert Übergewicht auch die Tumorentstehung im Nasen-Rachen-Raum, in Magen, Galle, Eierstock und Prostata.

Gefährliches Bauchfett

Allerdings sind nicht alle Übergewichtigen gleichermaßen gefährdet und nicht alle Schlanken sind aus dem Schneider. So gibt es die stoffwechselgesunden Dicken, meist mit einem BMI zwischen 25 und 30, die sonst keine Risikofaktoren wie Diabetes, Bluthochdruck oder hohe Blutfettwerte haben. Häufig treiben diese Menschen Sport, sind also fit. Umgekehrt gibt es äußerlich schlanke Menschen, die mit Bewegung nichts am Hut und einiges an innerem Bauchspeck angesammelt haben (TOFIs genannt, von: „thin ouside, fat inside"). Genau diese Fettdepots im Bauchraum (viszerales Bauchfett) sind gefährlich – anders als das „harmlose" weibliche Becken- und Pogewebe oder das Unterhautfettgewebe. Denn nur die rund um die Organe sitzenden Fettzellen schütten Botenstoffe aus, die das Krebsgeschehen vorantreiben können. Darum wird diskutiert, ob nicht der Taillenumfang oder das Verhältnis von Taillen- zu Hüftumfang einen besseren Indikator für das Krebsrisiko, insbesondere das Darmkrebsrisiko, darstellt als der BMI.

Krebstreiber Insulin

Einerseits sendet das viszerale Fett Entzündungsfaktoren aus, die den Wachstums- und Reparaturstoffwechsel von Zellen stören (siehe Seite 20). Außerdem zirkuliert viel Insulin im Blut. Ständig erhöhtes Insulin fördert jedoch Wachstumsprozesse und stoppt auf der anderen Seite das Selbstzerstörungsprogramm bösartiger Zellen. Zudem hemmt Insulin die sogenannte Autophagie, also das Aufräumkommando von gesunden Zellen. Die Folge: Defekte Organellen wie Mitochondrien, falsch gefaltete Proteine oder pathogene Keime können ungehindert Schaden anrichten, weil sie nicht rechtzeitig entsorgt werden. Insulin führt auch zu einer Instabilität des Erbguts, sodass die Zellen leichter entarten können. Darüber hinaus beeinträchtigt das Hormon die Immunabwehr - als Folge können Minitumoren dem Abwehrsystem entgehen und ungehindert wachsen.

Da Insulin im Übermaß das Krebsrisiko erhöht, sind nicht nur Übergewichtige, sondern auch Typ-2-Diabetiker häufiger von Krebskrankheiten betroffen. Insulintherapien werden darum heute teilweise kritisch gesehen und modernere Diabetesmedikamente, die auch das Übergewicht reduzieren, vorgezogen.

Bei Übergewichtigen findet sich zudem mehr Östrogen im Blut. Östrogen wird vor allem bei Frauen nach der Menopause vermehrt in den Fettzellen gebildet. Auch dieses Hormon spornt Wachstumsprozesse an. Ein Zuviel an Energie führt außerdem zu einer höheren Kalorienverbrennung, wodurch mehr freie Sauerstoffradikale anfallen, die der Körper zwar selbst, aber nur zu einem gewissen Grad reparieren kann.

Energiedichte Lebensmittel meiden

Vor allem stark gesüßte Getränke wie Softdrinks oder unverdünnte Nektare und Säfte sind bewiesenermaßen schlecht für die schlanke Linie, Gleiches gilt für Fast Food und viele hochverarbeitete Produkte. Auch Weißmehl(produkte) und Zucker begünstigen eine Gewichtszunahme, während Vollkorn, Gemüse und Obst sowie eine mediterrane Ernährung Übergewicht verhindern können. Günstig sind Lebensmittel mit einer niedrigen Energiedichte - also solche, die wenige Kalorien liefern, aber trotzdem ordentlich satt machen. Dazu zählen wasserhaltige Lebensmittel wie Gemüse, Obst und Salate, aber auch Ballaststoffhaltiges wie Vollkornreis oder Hülsenfrüchte. Schokokekse, Chips, Eis oder Tiefkühlpizza haben dagegen eine hohe Energiedichte. Wichtig zu wissen: Erste Studien weisen darauf hin, dass eine gesunde, ausgewogene Ernährung auch unabhängig vom Gewicht beispielsweise gegen Brustkrebs feien könnte.

!

In kleinen Schritten zur schlanken Linie - so gelingt's

Crashdiäten mit sehr wenigen Kalorien sind kontraproduktiv, denn sie versetzen den Körper in einen Stresszustand: Man hat noch mehr Hunger und die Fettzellen verteidigen vehementer ihre Reserven. Darum sollte man auch nicht mit Verboten arbeiten, um Gewicht zu reduzieren. Oftmals helfen schon kleine Änderungen: etwa Vollkornbrot statt Weißbrot, mehr Gemüse und Hülsenfrüchte und dafür weniger Fleisch oder ungesüßten Tee oder Wasser anstatt Softdrinks zu konsumieren. Als Faustregel gilt das 20:80-Prinzip. Das heißt, 20 Prozent der wichtigsten falschen Ernährungsgewohnheiten sollten optimiert werden. Idealerweise hilft die ganze Familie bei einer Kostumstellung. Unterstützend kann die medizinische Ernährungs-App MyFoodDoctor eingesetzt werden. Bei extremer Fettsucht, wenn alle anderen Versuche fehlgeschlagen sind, kann eine Operation wie etwa eine Magenverkleinerung helfen. Nachbeobachtungen haben gezeigt, dass die Gefahr, Krebs zu entwickeln oder daran zu sterben, nach einer Operation um 50 Prozent verringert war.

Ernährung und Krebsrisiko: Was hilft, was schadet

Viele Krebsfälle gehen auf das Konto von hochverarbeiteten Produkten mit zu viel Industriefetten, Stärke, Zucker und Salz. Auch Wurstwaren gelten als Risiko für bestimmte Krebsarten. Wappnen Sie sich, indem Sie möglichst frisch kochen und viel Pflanzliches essen. Das liefert Ballaststoffe und antientzündliche Substanzen.

Wer häufig ultraprozessierte Produkte konsumiert, die viel Zucker, Fett und Salz enthalten, riskiert Übergewicht (siehe Seite 18) und auch eine schlechte Nährstoffversorgung. Beides schürt in gewissem Maße die Krebsentstehung. Auch ein Zuviel an rotem und verarbeitetem Fleisch und ein Zuwenig an Ballaststoffen und antientzündlichen Substanzen aus Pflanzenkost können bestimmten Krebsarten Vorschub leisten. Häufiges Grillen ist ebenfalls kritisch. Das Gleiche gilt für Schimmel, bestimmte Zusatzstoffe sowie Acrylamid in verkohltem Toast oder Fertigprodukten.

Kampf den Entzündungsherden

Ein Zuviel an Entzündungsfaktoren aus überbordenden Fettdepots im Bauchraum oder durch eine ungesunde Ernährung ist wahrscheinlich ein wichtiger Faktor bei der Krebsentstehung. Ein Hinweis darauf ist etwa die Tatsache, dass Menschen mit einer chronisch-entzündlichen Darmerkrankung ein erhöhtes Risiko für Darmkrebs haben. Auch kann sich aus einer nichtalkoholischen Fettleber eine Leberentzündung und daraus Leberkrebs entwickeln. Eine Infektion mit dem Magenkeim Helicobacter pylori ist in zwei von drei Fällen die Ursache für Magenkrebs.

Doch wie entstehen aus chronischen Entzündungsherden erst Gewebeschäden, dann Krebs sowie Metastasen? Als Mechanismen hinter diesen Vorgängen vermutet man, dass die Bildung von freien Sauerstoffradikalen durch stille, niederschwellige Entzündungen gefördert wird. Diese aggressiven Substanzen greifen die DNA an und können zu Mutationen führen. Zudem wird das Wachstum von Krebszellen angetrieben. Gleichzeitig blockieren Entzündungsstoffe sogenannte Tumorsupressorgene, die eigentlich vor bösartigen Zellveränderungen schützen sollen. Weil aus dem viszeralen Fettgewebe ständig Entzündungssignale gesendet werden, ist Normalgewicht empfehlenswert. Sport in Maßen wie Radfahren, Nordic Walking oder moderates Krafttraining senkt auch die Entzündungswerte im Blut.

Mikronährstoffe als Schutzschild

Zudem sollte man nicht zu salzig essen, da Salz Entzündungen anfeuert. Auch ein hoher Zuckerkonsum begünstigt entzündliche Prozesse im Körper. Insgesamt kann eine kohlenhydratreiche Ernährung zu Sodbrennen führen und ein erhöhter Alkoholkonsum zu einer Entzündung der Speiseröhre (Ösophagitis). Beides erhöht das Risiko für Speiseröhrenkrebs.

Essen Sie dafür lieber antientzündliche Lebensmittel (siehe Tabelle Seite 188). Sekundäre Pflanzenstoffe aus Gemüse und Kräutern bringen die körpereigenen Abwehrkräfte in Stellung. Sie blockieren zudem Signalwege der Zellen, die Entzündungsstoffe freisetzen und damit die Kommunikation stören. Auch langkettige Omega-3-Fette aus fettem Seefisch oder Algen, Probiotika (etwa aus fermentierten Milchprodukten oder Sauerkraut) sowie Ballaststoffe scheinen gegen Entzündungen zu wirken. Besonders starke Helfer im Kampf gegen Entzündungsherde sind beispielsweise grüner Tee, Hülsenfrüchte, Zwiebelgewächse, Schwarzwurzeln, Chicorée, Pflaumen Roggen, Hafer, Gerste, Shiitake-Pilze, Hefe und Kurkuma.

Ballaststoffe – schwer in Ordnung

In pflanzlichen Lebensmitteln stecken sie satt, die lange wenig wertgeschätzten Ballaststoffe. Besonders ballaststoffreich sind Gemüse, Obst (Trockenobst!), Vollkorngetreide, Hülsenfrüchte sowie Nüsse und Samen. Kleie, Flohsamenschalen, Chia- und Leinsamen sind dabei die Spitzenreiter. Wichtig ist, bei Obst, Gemüse und Kartoffeln, wenn möglich, die Schale mitzuverzehren, da sich in ihr besonders viele Ballaststoffe befinden. Die Deutsche Gesellschaft für Ernährung (DGE) empfiehlt einen Ballaststoffkonsum von mindestens 30 Gramm pro Tag – die wenigsten Deutschen schaffen das. Die unverdaulichen Pflanzenstoffe schützen vor Darmkrebs, außerdem machen sie satt und verhindern damit Übergewicht. Und das ist wiederum ein Schutz gegen fast alle anderen Krebsarten. Man unterteilt die Ballaststoffe in lösliche und unlösliche Varianten.

Futter für die Darmbakterien

Zu den löslichen Ballaststoffen zählen Pektine und andere Schleimstoffe, wie sie in Algen oder Leinsamen vorkommen. Sie alle gehen gegen Krebszellen vor: Beim Abbau von sogenannten Präbiotika, das ist eine Untergruppe der löslichen Ballaststoffe, setzen die gutartigen Darmbakterien Substanzen wie Butyrat frei, die vermutlich vor Darmkrebs schützen. Auch gegen andere Krebsarten könnten Präbiotika wie Inulin, das zu den Fruktanen gehört, helfen. Zudem wird der pH-Wert im Darm durch die Bildung kurzkettiger Fettsäuren gesenkt, was schädliche Bakterien am Wachstum hindert.

Im Eilverfahren durch den Darm

Unlösliche Ballaststoffe sind faserartige Stoffe wie Zellulose, Hemizellulose und Lignin – sie stecken vor allem in den äußeren Getreideschichten. Faserstoffe, unlösliche Bausteine zum Beispiel von Kleie, können jedoch nur zum Teil oder gar nicht im Darm zerlegt werden. Ihre Struktur ist so komplex, dass nicht einmal die Darmbakterien sie verdauen können. Aber sie sorgen dafür, dass die Nahrung im Eilverfahren durch den Darm geschleust wird und mögliche Schadstoffe nicht zu lange dort verbleiben. Zudem werden krebserregende Substanzen von allen Ballaststoffsorten gebunden und so leichter ausgeschieden. Zu den Schadstoffen zählen Schwermetalle wie Arsen und Cadmium oder organische Giftstoffe, die etwa bei der Schimmelbildung entstehen oder beim Grillen. Aber auch ein Teil der Gallensäuren wird von den Ballaststoffen fixiert und aus dem Körper manövriert, bevor sie Unheil anrichten können. Denn: Von Darmbakterien umgebaute Gallensäuren lösen möglicherweise Krebs aus.

Fleisch: Zurück zum Sonntagsbraten

Wurst- und Steakliebhaber müssen jetzt tapfer sein, denn sogenanntes rotes Fleisch ist nicht empfehlenswert, wenn es um eine gesunde Anti-Krebs-Ernährung geht. Es gibt keine einhellige Definition, meist jedoch werden Rind, Schwein, Lamm, Ziege, Hase und Wild zu rotem Fleisch gezählt. Weißes Fleisch ist Mastgeflügel, also Hühnchen- und Putenfleisch; manchmal zählt auch Fisch zu weißem Fleisch. Als verarbeitetes Fleisch bezeichnet man Fleisch, das durch Pökeln, Salzen oder Räuchern verändert wurde. Zwar liefern Schwein und Rind wertvolle Nährstoffe wie Eisen sowie die Vitamine B1, B6 und B12. Allerdings wurde rotes Fleisch von der IARC (International Agency for Research on Cancer) als „wahrscheinlich krebserregend" und verarbeitetes Fleisch als „sicher krebserregend" eingestuft. So steigt etwa das Darmkrebsrisiko schon bei einem täglichen Verzehr von 50 Gramm verarbeitetem Fleisch um 18 Prozent. Verarbeitetes Fleisch erhöht bewiesenermaßen das Risiko für Darmkrebs und möglicherweise auch für Nasen-Rachen-, Speiseröhren-, Lungen-, Magen- und Bauchspeicheldrüsenkrebs. Laut einer Übersichtsarbeit der DGE könnten Wurstwaren auch das Brustkrebsrisiko erhöhen. Mehr als 350 bis 500 Gramm rotes Fleisch pro Woche sollten es laut World Cancer Research Fund (WCRF) nicht sein. Verarbeitetes Fleisch sollte man meiden.

Darum ist Wurst nicht gut

Warum rotes Fleisch ungünstiger ist als weißes, ist bislang nicht geklärt. Es gibt aber Theorien: Rotes Fleisch enthält mehr Eisen als weißes. Ein Übermaß an diesem Häm-Eisen aus tierischen Lebensmitteln führt zu oxidativem Stress, der das Erbgut verändert, was in verschiedenen Organen Tumoren wachsen lässt. Zudem ist in rotem Fleisch (vor allem in Schweinefleisch) in größeren Mengen Arachidonsäure enthalten – eine ungesättigte Fettsäure, die Entzündungen fördert.

Mit Blick auf die Gesundheit spielt auch die Zubereitungsart von Fleisch eine Rolle. Bei der Herstellung von Wiener Würstchen oder geräuchertem Schinken, aber auch beim Braten und Grillen von Steaks und Koteletts auf dem eigenen Herd entstehen krebserregende Röststoffe wie Benzpyrene oder PAKs (polyzyklische aromatische Kohlenwasserstoffe). Gut zu wissen: Selbst gemachte Marinaden mit Rosmarin, Thymian, Senf und Knoblauch reduzieren die Bildung von Schadstoffen um über 70 Prozent. Gepökeltes enthält zudem Nitritpökelsalz. Daraus können sich sogenannte Nitrosamine bilden, die im Übermaß Tumoren im Magen verursachen. Durch geänderte Herstellungsverfahren wurde der Nitrosamingehalt von Fleischwaren in den letzten Jahren jedoch deutlich gesenkt. Daher wird das gesundheitliche Risiko von Pökelfleisch heute als geringer eingeschätzt. Nichtsdestotrotz liefern Fleischwaren auch mehr Salz und gesättigte Fettsäuren, was ebenso die Krebsentstehung begünstigt.

Verarbeitete Produkte nur gelegentlich

Tiefkühlpizza, Fertigsuppe, Currywurst mit Pommes: Fertigprodukte und Fast Food machen das Leben so schön leicht. Und es spricht auch nichts gegen diese Speisen, wenn sie gelegentlich auf den Tisch kommen. Mittlerweile stammt jedoch die Hälfte unserer Kalorien aus stark verarbeiteten Lebensmitteln. Sie haben mehrere Verarbeitungsschritte durchlaufen und liefern eine ganze Reihe an Zutaten und Zusatzstoffen, die nicht ohne Weiteres als Lebensmittel zu erkennen sind. In diese Kategorie fallen Softdrinks, Süßigkeiten, Fleischprodukte, Backwaren, Eiscreme, aber auch Fertiggerichte wie Tiefkühllasagne oder Trockensuppen. Im Übermaß genossen, sind sie auf vielfältige Weise schädlich für die Gesundheit. Denn: Sie liefern zahlreiche unnötige oder sogar schädliche Substanzen, während wichtige Nährstoffe fehlen.

Zu viel Zucker und Stärke

Einfache Kohlenhydrate gelangen schnell ins Blut und bringen so den Zuckerstoffwechsel aus dem Lot. Die Folge: ein ständig hoher Insulinspiegel, der die Krebsentstehung begünstigt. Tatsache ist: Wir essen viel zu viel Zucker. Im Schnitt stammen in Deutschland zwischen 13 und 18,5 Prozent der täglichen Energiezufuhr aus Zuckerkalorien. Es sollten laut der WHO jedoch nur zehn, noch besser fünf Prozent sein. Besonders schädlich sind gezuckerte Softdrinks, aber auch Fruchtnektare. So berechnete ein internationales Forscherteam kürzlich, dass ein hoher Konsum von Einfachzucker aus zuckergesüßten Getränken im Jugendalter das Risiko für Dickdarmkrebsvorstufen erhöht. Auch das Risiko für Prostatakrebs scheint beim häufigen Griff zu Limonaden zu steigen.

Zu viel gesättigtes Fett und Transfettsäuren

Gesättigte Fette, zum Beispiel aus Palmöl, gelangen schnell auf die Hüften, machen also dick. Je mehr hochverarbeitete Lebensmittel auf dem Speiseplan stehen, desto übergewichtiger sind die Menschen. Das liegt daran, dass die meist zucker- und fetthaltigen Lebensmittel eine vergleichsweise hohe Energiedichte haben. Transfettsäuren erhöhen laut der berühmten EPIC-Studie, einer europaweiten Studie mit über 500 000 Teilnehmern, zudem das Risiko für Brustkrebserkrankungen. Transfettsäuren entstehen bei der Teilhärtung von Pfanzenfetten und stecken vor allem in Frittiertem, Chips und Blätterteig.

Das Krebsrisiko steigt mit mehr Fast Food

Laut einer US-amerikanischen Langzeitstudie mit über 30 000 Probanden aus dem Jahr 2021 erhöht ein häufiger Außer-Haus-Verzehr das Sterberisiko im Zusammenhang mit Krebs. Konkret: Personen, die zweimal oder häufiger am Tag auswärts essen, haben eine um 67 Prozent höhere Krebssterblichkeit als Personen, die weniger als einmal pro Woche im Restaurant oder der Frittenbude speisen. Eine internationale Studie gab kürzlich auch den Hinweis darauf, dass das Brustkrebsrisiko durch viel industrielle Nahrung in jungen Jahren ansteigt. Genauer: 20 Prozent mehr an Hochverarbeitetem steigert das Brustkrebsrisiko für ER-positive Tumoren um 46 Prozent.

Zu viel Salz

Verarbeitete Produkte sind oft sehr salzig. Bei Kindern führt eine Ernährung mit reichlich Fast Food zu einer um 17 Prozent höheren Aufnahme von Natrium als bei Frischkost. Stark Gesalzenes fördert Entzündungen und erhöht dadurch das Risiko für Magenkrebs. Im Magen greift Salz auch die Schleimhaut an; so können Nitrosamine entstehen, die als krebserregend gelten. Zudem trägt Salz als Appetitanreger zum Übergewichtsproblem bei. Es ist unter anderem der Grund, warum man bei Chips und Erdnüssen schlecht mit Knabbern aufhören kann. Die DGE gibt als Obergrenze 6 Gramm Salz pro Tag an. Um Salz in der Küche zu sparen, sollten Sie lieber mit viel frischen Kräutern und Gewürzen Geschmack ins Essen bringen.

Zu viele Zusatzstoffe, zu wenig Nährstoffe

Das Zulassungsverfahren von Zusatzstoffen ist sehr streng und Substanzen, die im Verdacht stehen, Krebs zu erregen, dürfen nur bis zu einer bestimmten Grenze in Rezepturen gelangen. Dazu zählen Benzoesäure, Zuckerkulör oder Parabene. Künstliche Aromen sind am schlechtesten getestet. In der Vergangenheit wurden einige nachträglich vom Markt genommen, weil sie möglicherweise Krebs erregen. Zusatzstoffe werden zudem bei der Zulassung nicht darauf geprüft, wie sie sich auf die Darmflora auswirken. Darüber hinaus gewöhnen uns Zusatzstoffe wie Geschmacksverstärker oder Aromastoffe an einheitliche Geschmäcke und lassen uns vermehrt zu hochverarbeiteten Produkten greifen: Das verschlechtert die Nährstoffversorgung.

Wie lässt sich Krebs mit Messer und Gabel vorbeugen?

DIE Anti-Krebs-Ernährung, die garantiert gesund hält, gibt es nicht. Krankheit und Gesundheit entstehen immer durch ein Zusammenspiel von genetischem Erbe und Lebensweise. Allerdings kann man einiges beachten, um sein Risiko zu minimieren.

Fördern Milch und Fleisch Krebs? Sind Vollkorn und grüner Tee wirklich schützend? Allein in Vollkornweizen, einem Steak oder einer Tasse Milch oder Tee stecken Hunderte Substanzen, die in unserem Körper auf verschiedene Organe und Funktionen wirken. Was ein Mensch jeden Tag zu sich nimmt, addiert sich auf Tausende Substanzen. Dazu zählen Fette, Eiweiß, Kohlenhydrate, Vitamine, Mineralstoffe und auch sekundäre Pflanzenstoffe. Einige haben eine krebshemmende Wirkung, andere sind eher ungünstig für die Gesundheit. Insgesamt kommt es jedoch auf das Ernährungsmuster eines Menschen an und nicht auf einzelne Lebensmittel. Zudem spielt auch das Körpergewicht für die Krebsentstehung eine entscheidende Rolle. Das heißt, man sollte abwechslungsreich, aber nicht über seinen Hunger essen, pflanzliches Protein und die richtigen Kohlenhydrate wählen sowie zu gesunden Fetten greifen, um es potenziellen Krebszellen möglichst schwer zu machen.

Fett

Fett war jahrelang verpönt. Butter wurde durch Lightmargarine ersetzt, Schweine wurden immer fettärmer gezüchtet, sogar der Salat wurde sparsam nur mit ein paar Tropfen Öl garniert. Das sollte Kalorien sparen und so für eine schmale Silhouette sorgen sowie vor Herzleiden schützen.

Heute weiß man, dass die richtigen Fette lebensnotwendig sind und auch gar nicht so leicht auf den Hüften landen. Es stimmt zwar, dass Fett im Vergleich zu Kohlenhydraten und Eiweiß mit 9 Kalorien pro 100 Gramm mehr als doppelt so viele Kalorien liefert (bei Kohlenhydraten und Eiweiß sind es nur 4 Gramm). Allerdings braucht der Körper die sogenannten ungesättigten Fettsäuren, die vor allem in pflanzlichen Ölen stecken, um die Zellwände stabil zu halten oder Hormone zu bilden. Das leidige Körperdepotfett hingegen bilden die gesättigten Fettsäuren, die in tierischen Lebensmitteln wie Wurstwaren vorkommen oder auch in Palm- und Kokosöl. Milchfette scheinen dagegen weniger schädlich als lange angenommen. Milch und Milchprodukte schützen wahrscheinlich sogar vor Übergewicht. Dass fettarme Varianten hier keinen Vorteil bieten, hat 2018 eine Übersichtsarbeit des Max-Rubner-Instituts gezeigt. Generell gilt: Milch- und Milchprodukte, auch Butter, sind erlaubt, in Maßen sind sie unproblematisch. Fett aus Biomilch hat übrigens ein günstigeres Fettsäuremuster. Zudem liefert Biomilch auch mehr Vitamin E, das im Körper gegen aggressive Sauerstoffmoleküle vorgeht, allerdings weniger Jod und Selen. Die Deutsche Krebsgesellschaft (DKG) rät dazu, vor allem pflanzliche Öle wie Rapsöl und daraus hergestellte Streichfette zu nutzen. In verarbeiteten Lebensmitteln wie Wurst, Süßwaren, Gebäck, Fast Food und Fertigprodukten sind in der Regel keine hochwertigen Fette enthalten. Diese sollten Sie daher möglichst meiden.

Gesundheitsfördernd: Omega-3-Fettsäuren

Omega-3-Fettsäuren aus fettem Seefisch gelten dagegen als gesundheitsfördernd. Wie wirksam sie gegen Krebs vorgehen, ist bislang allerdings unklar. Sicher ist jedoch, dass sie Entzündungen eindämmen, die unkontrollierte Zellteilung im Tumorgewebe und auch die Gefäßneubildung bremsen. Entartete Zellen sind auf die Versorgung mit Blut angewiesen, da sie Sauerstoff und andere Nährstoffe liefern. Eine schützende Wirkung von Omega-3-Fettsäuren gegen verschiedene Krebsarten scheint daher plausibel zu sein. Lachs, Makrele oder Hering sollten ein- bis zweimal die Woche auf dem Speiseplan stehen, weil sie neben Omega-3-Fettsäuren auch Eiweiß, Jod und Selen liefern. Bestimmte Pflanzenöle wie Raps- und Leinöl sind ebenfalls reich an Omega-3-Fetten und enthalten daneben viel Vitamin E.

Das richtige Maß

In großen Mengen sind auch gesunde Fette nicht gut, weil sie dann ebenfalls Übergewicht fördern, einer der Hauptrisikofaktoren für eine Erkrankung an Krebs. So wird eine fettreiche Nahrung mit einer höheren Wahrscheinlichkeit für Darmkrebs, Brustkrebs in und nach den Wechseljahren sowie Prostatakrebs in Verbindung gebracht. Eine aktuelle Studie legt nahe, dass fettreiche Ernährung sich auch ungünstig auf das Darmmilieu auswirkt und so etwa Darmkrebs verursacht, zumindest bei Mäusen.

Als Faustregel gilt: Bringen Sie mehr pflanzliche Fette, dafür weniger tierische Fette aus Fleischwaren auf den Teller! Verzichten Sie möglichst auf verarbeitete Produkte wie Wurst und Backwaren.

Eiweiß (Protein)

Produkte mit hohem Proteingehalt sind derzeit der Renner in den Supermarktregalen. So wird Eiweiß zum Beispiel Puddings und Broten extra beigemischt. Man könnte meinen, Deutschland litte unter einem eklatanten Eiweißmangel. Dies ist jedoch nicht der Fall. Insgesamt konsumieren wir laut der DGE genug Milch- und Milchprodukte. Fleisch und Wurst werden allerdings in zu großen Mengen verzehrt. Hülsenfrüchte und Nüsse, die auch viel

Eiweiß liefern, sind dagegen wenig beliebt. Doch gerade das pflanzliche Eiweiß könnte besonders gesund sein. So legen Forschungsarbeiten des US-Wissenschaftlers Valter de Longo nahe, dass zu viel Eiweiß, vor allem tierisches Eiweiß, unter anderem auch das Krebsrisiko erhöht: Durch tierische Proteine werden bestimmte Wachstumshormone im Körper hochgefahren, die die Entartung von Zellen vorantreiben könnten. Dies ist auch einer der Gründe, warum mehr als ein Liter Milch oder mehr als 110 Gramm Käse am Tag das Risiko für Männer erhöht, an Prostatakrebs zu erkranken.

Wertvolle Eiweißlieferanten

Laut dem World Cancer Research Fund (WCRF), einer unabhängigen Institution, die regelmäßig Empfehlungen zur Krebsvorbeugung herausgibt, können jedoch Geflügel, Fisch sowie Eier und Milchprodukte durchaus auf dem Speiseplan stehen. Fischkonsum senkt womöglich das Risiko für Leber- und Darmkrebs. Milch und Milchprodukte wie Joghurt, Käse oder Kefir sind bewiesenermaßen effektiv im Kampf gegen Darmkrebs, vielleicht auch gegen Brustkrebs. Fermentiertes enthält Milchsäurebakterien, eine Art Sparringspartner für das Immunsystem, und gilt darum als gesünder. Problematisch sind vor allem das Fleisch von Schwein und Rind sowie Milch, wenn sie in großen Mengen verzehrt werden. So erhöht der Konsum von rotem Fleisch wahrscheinlich und der von Wurstwaren sicher das Risiko, an Dickdarmkrebs zu erkranken. Für weitere Krebsarten gibt es zumindest Hinweise, dass zu viel Salami, Schweinebraten und Co. das Tumorwachstum fördern.

Als Faustregel gilt: Essen Sie viel pflanzliches Eiweiß! Rotes Fleisch sollten Sie nur selten konsumieren und Wurstwaren meiden, Fisch und Milchprodukte dafür bevorzugen.

Kohlenhydrate

Low Carb ist zwar „in“, gegen Krebs allgemein scheinen kohlenhydratarme Diäten mit wenig Brot, Nudeln, Getreide, Kartoffeln und Zucker allerdings nicht zu helfen. Lediglich beim Gebärmutterkrebs gibt es die Vermutung, dass eine zu große glykämische Last, also zu viele Kohlenhydrate pro Portion, das Risiko erhöht. Der mögliche Mechanismus: Kohlenhydrate wie Stärke werden im Dünndarm in den Einfachzucker Glukose zerlegt, Kristallzucker in Glukose und Fruktose. Schwimmt ständig viel Glukose im Blut, schüttet der Körper verstärkt Insulin aus, das wiederum als Wachstumsfaktor für Krebszellen gilt. Zucker und vor allem Softdrinks zu vermeiden, lohnt sich allemal, da ein

Die Ernährungs-Docs

Vegetarisch, vegan oder mediterran:
Viel Pflanzenkost ist gut! Gemüse- und Obstfans haben durch eine höhere Aufnahme von Vitaminen, sekundären Pflanzenstoffen und Ballaststoffen ein geringeres Risiko für diverse Krebsarten. Tatsächlich senkt eine vegetarische oder vegane Ernährungsweise das Risiko, an Krebs zu erkranken. Unklar ist jedoch, ob dies eine Folge der grünkostreichen Ernährung ist oder nicht doch ein Zusammenspiel vieler Faktoren. So leben Vegetarier und Veganer meist insgesamt gesünder, rauchen seltener, trinken weniger Alkohol, ernähren sich vielfältiger und machen mehr Sport. Sie sind auch seltener übergewichtig. Auch die Anhänger der „mediterranen Diät“ sind in der Regel schlanker. Von dieser Ernährungsweise gibt es unzählige Varianten. Sie basiert aber immer auf viel Gemüse, Obst, Hülsenfrüchten, Getreide, Fisch und Olivenöl. Sie geht ebenfalls mit einem geringeren Krebsrisiko einher und bildet die Basis für die Rezepte in diesem Buch (ab Seite 66).

Zuviel obendrein Entzündungen fördert. Auch Weißbrot und Nudeln werden vom Körper schnell in Einfachzucker zerlegt. Große Zuckermengen führen zu Heißhunger, was Fettdepots anschwellen lässt und so die Krebsentstehung erleichtert. Zudem scheint Fruktose, ein Bestandteil von Kristallzucker oder auch Softdrinks, das Risiko für Bauchspeicheldrüsenkrebs oder das Pankreaskarzinom zu erhöhen. Anders sieht es mit den kohlenhydratreichen Lebensmitteln aus, die als Vollkornvariante vorliegen: Sie enthalten eine satte Dosis Ballaststoffe. Das verhindert Heißhungerattacken sowie Entzündungen und fördert die Darmflora. Es ist sehr wahrscheinlich, dass durch eine faserreiche Ernährung vor allem das Darmkrebsrisiko sinkt.

Als Faustregel gilt: Verzehren Sie so wenig Zucker und Stärke wie möglich, also Obst statt Säfte oder Smoothies, Naturreis statt weißem Reis und Vollkornbrot statt Weißmehlbrötchen!

Vitamine und Mineralstoffe

Einige Menschen glauben, dass Vitamine und bestimmte Mineralstoffe wie Selen und Kalzium vor Krebs schützen. Darum nehmen sie diese Mikronährstoffe teilweise in Tablettenform ein. Das hilft nicht wirklich und ist auch mit Gefahren verbunden (siehe Seite 36). Allerdings gibt es tatsächlich einige Vitamine wie Folsäure, Provitamin A (Beta-Carotin), Vitamin A, C, E und D sowie die Mineralstoffe Kalzium und Selen, die eine Rolle bei der Krebsprävention spielen.

- **Vitamin C, E sowie Beta-Carotin und Selen:** Sie agieren als sogenannte „Radikalfänger" oder „Antioxidantien". Das heißt, sie können aggressive Substanzen im Körper unschädlich machen, die beispielsweise durch Rauchen oder UV-Strahlung entstehen. Diese freien Radikale sollen die Erbsubstanz von Zellen angreifen und Krebs fördern.
  Inzwischen weiß man aber: Wenn zu viele Antioxidantien etwa in Form von hoch dosierten Beta-Carotin- oder Vitamin-E-Tabletten zur Stelle sind, können sie im Gegenteil die Bildung von freien Radikalen anheizen. Es könnte bei dieser Wandlung von Dr. Jekyll zu Mr. Hyde eine Rolle spielen, ob Antioxidantien im Verbund mit anderen Vitaminen, Mineralstoffen oder Pflanzenstoffen aufgenommen werden. Darum ist es wichtig, Lebensmittel immer als Ganzes zu essen und nicht auf Einzelsubstanzen zu setzen. Vitamin E steckt in Nüssen, Samen und daraus hergestellten pflanzlichen Ölen. Vitamin C findet sich in Schwarzen Johannisbeeren, Grünkohl, Fenchel oder Zitrusfrüchten. Möhren, Spinat, rote Paprikaschoten sowie Aprikosen und Mangos liefern viel Beta-Carotin. Selen steckt in fettem Fisch, Pilzen, Tofu und Nüssen, vor allem in Paranüssen. Von ihnen sollte man aber nicht mehr als zwei am Tag essen.

- **Vitamin A (Retinol):** Das Vitamin schützt möglicherweise vor Lungenkrebs, da es verhindert, dass Zellen entarten. In bereits vorhandenen Krebszellen löst es einen Selbstzerstörungsmechanismus aus. Vitamin A wird aus der Vorstufe Beta-Carotin gebildet, steckt aber auch in Eiern, Käse oder Leber.

- **Folsäure:** Das B-Vitamin kommt vor allem in Grüngemüse, aber auch in Bohnen und Linsen vor. Folsäure stabilisiert die DNA in unseren Zellen, sodass auch dieses Vitamin als Schutz vor Krebs gilt.

- **Vitamin D** ist ein Sonderfall. Es steckt nur in geringen Mengen in fettreichen tierischen Produkten. Der Körper kann das Vitamin aber mithilfe der Sonne selbst bilden. Ist es ausreichend vorhanden, kann Vitamin D das Wachstum von Krebszellen über das An- und Ausknipsen von Genschaltern bremsen.

- **Kalzium:** Die Rolle dieses Mineralstoffs in der Krebsprävention ist uneindeutig. So wirken Milch und Milchprodukte unter anderem wegen ihres hohen Kalziumgehalts gegen Darmkrebs, während sie zugleich das Risiko für Prostatakrebs eher erhöhen. Es gibt daher keine Empfehlung des WCRF, Milch und Milchprodukte zu meiden oder zu konsumieren. Kalzium findet sich jedoch auch in pflanzlichen Lebensmitteln wie Nüssen, Soja, grünem Gemüse (Brokkoli, Bohnen, Spinat) oder Mohn.

Zusammenfassend lässt sich also sagen, dass eine ausgewogene, vitaminreiche Ernährung auf jeden Fall das Krebsrisiko senkt, vor allem für einige der häufigeren Tumorarten (Brust-, Lungen- und Darmkrebs). Das heißt, es sollte viel Frischkost auf dem Tisch stehen, wobei auch Tiefkühlgemüse und -obst viele wertvolle Vitamine liefern.

Als Faustregel gilt: Frisch ist Trumpf - bevorzugen Sie bunte, pflanzenbasierte Kost, statt auf Multivitaminkapseln zu setzen!

Sekundäre Pflanzenstoffe

Sekundäre Pflanzenstoffe - dazu zählen Farb-, Bitter- und Aromastoffe - bilden Ackerfrüchte eigentlich, um sich gegen Feinde und Schädlinge zu schützen oder Bestäuber anzulocken. Mehr als 100 000 dieser Substanzen sind bis dato bekannt. Sie sitzen in großen Mengen vor allem in den äußeren Schichten der Pflanze. Es empfiehlt sich daher, die äußeren Salat- sowie Kohlrabiblätter mitzuverwenden und Äpfel ungeschält zu genießen. Sekundäre Pflanzenstoffe sind nämlich wahre Alleskönner:

- **Glucosinolate:** Von diesen Aromastoffen aus Kohl, Rucola und Kresse, zu denen beispielsweise Sulforaphane zählen, weiß man, dass sie dem Körper helfen, über Schalter an den Genen gegen Krebszellen vorzugehen.

- **Carotinoide:** Sie stecken als Beta-Carotin oder Lutein in Möhren, Tomaten oder Grünkohl und senken das Risiko, an Lungen- und Brustkrebs zu erkranken.

- **Polyphenole:** Zu dieser Gruppe rechnet man apfeleigene Flavonoide. Diese schützen die Zellen vor Schäden an der Erbsubstanz und wirken günstig bei Frühformen von Dickdarmkrebs.

- **Phytoöstrogene:** Sie stecken als Isoflavone zum Beispiel in Sojabohnen. Diese schützen möglicherweise vor Tumoren der Lunge und auch vor Brust- und Prostatakrebs. Der Mechanismus dahinter: An den Zellen sitzen Antennenmoleküle, die auf das Hormon Östrogen ansprechen. In größeren Mengen ist Östrogen krebsfördernd. Die Pflanzenhormone können diese Rezeptormoleküle jedoch blockieren und so eine mögliche Entartung der Lungen-, Prostata- oder Brustzellen verhindern.

- **Weitere sekundäre Pflanzenstoffe im Kampf gegen Krebs:** Saponine, Monoterpene, Sulfide, Proteaseinhibitoren, Phytinsäure (siehe Tabelle Seite 188).

Eine bunte Truppe

Mindestens 400 Gramm, noch besser 500 Gramm Gemüse sollten täglich auf den Tisch kommen. Aber auch in Kräutern und Gewürzen findet sich ein Füllhorn an sekundären Pflanzenstoffen. Besonders reich daran sind die heimischen Kräuter Dill, Schnittlauch und Kresse. Unter den Gewürzen gehören Chili, Kümmel, Kurkuma, Ingwer und Zimt zu den Top-Lieferanten.
Vielfalt ist Trumpf: Idealerweise bereichern Sie Ihren Speiseplan mit 25 unterschiedlichen Sorten an Gemüse und Kräutern in der Woche, also etwa drei bis vier pro Tag. Die Hälfte davon sollten Sie am besten gekocht, die andere Hälfte roh genießen. Der Grund: Bestimmte sekundäre Pflanzenstoffe wie Lycopin oder Beta-Carotin sind besser bioverfügbar, wenn das Gemüse gegart wurde, da sich die Substanzen unter Hitze aus den Pflanzenzellen lösen können. Dagegen sind einige zellschützende Vitamine wie Vitamin C und Folsäure hitzeempfindlich.
Obst enthält auch sekundäre Pflanzenstoffe, allerdings viel weniger als Gemüse und auch weniger lösliche Ballaststoffe. Außerdem sind Obstsorten wie Ananas, Bananen, Mangos, Süßkirschen oder Weintrauben stark zuckerhaltig. Zucker aus Obst (Fruktose) ist zwar weitgehend unproblematisch, solange man das Obst als Ganzes isst. Da wir über den Tag verteilt aber oft schon zu viel Gezuckertes konsumieren, sollte mehr Gemüse als Obst auf dem Speiseplan stehen.
Wegen ihrer sekundären Pflanzenstoffe werden auch sogenannte Superfoods wie Acai- oder Goji-Beeren teilweise als krebsschützend gehandelt. Allerdings: Heimische Him-, Brom- oder Blaubeeren sind ebenfalls prall gefüllt mit diesen Substanzen. Zudem ist die Gefahr einer einseitigen Ernährung mit Superfoods größer, da man sich auf der sicheren Seite wähnt und daneben eher Ungesundes gönnt. Ein weiteres Manko ist, dass Superfoods mitunter mit krebserregenden Schadstoffen wie Pestiziden, Schimmelpilzen oder Schwermetallen belastet sind, wenn sie aus dem Ausland importiert werden. Und sie sind auch häufig wesentlich teurer als einheimische Superlebensmittel. Deshalb: Exotische Superfoods können den Speiseplan bereichern, notwendig sind sie aber nicht.

Als Faustregel gilt: Konsumieren Sie möglichst drei Portionen Gemüse und zwei Portionen Obst am Tag!

Top-Lebensmittel zur Krebsprävention

Es gibt kein einzelnes Lebensmittel oder einzelne Inhaltsstoffe, die einen Rundumschutz für unsere zig Billionen Zellen bieten können. Dennoch liefern uns einige Lebensmittel besonders viele Substanzen, die medizinähnliche Wirkungen haben.

Artischocken

Artischocken enthalten Inulin, das als Futter für die guten Darmmikroben dient, die daraufhin kurzkettige Fettsäuren bilden. Diese liefern Energie für die Darmzellen und schützen vor Darmkrebs. Zudem kurbelt Cynarin, der Bitterstoff in Artischocken, die Verdauung an. Punkten können Artischocken auch mit Silymarin, einem sekundären Pflanzenstoff, der Entzündungen und Zellschäden verhindert. Übrigens: Inulin steckt auch in Topinambur, Schwarzwurzeln oder Pastinaken.

Blaubeeren

Farbige Anthocyane wie Delphinidin aus Blaubeeren schützen vor freien Radikalen und Entzündungen. Zudem gehen sie gegen Krebszellen vor, stoppen ihr Wachstum und lösen das Absterben der Tumorzellen aus. Kleine Waldblaubeeren liefern mehr Farbstoffe und Vitamin C als die handelsüblichen Früchte. Dennoch sind auch Kulturblaubeeren unbedingt zu empfehlen, da sie noch andere gesunde Substanzen enthalten. So liegt der Anteil an sekundären Pflanzenstoffen bei beiden Varianten bei rund 300 Milligramm pro 100 Gramm. Damit sind Blaubeeren einer der Spitzenreiter im Vergleich zu allen Obst- und Gemüsesorten. Aber auch andere Beeren liefern zahlreiche Wirkstoffe, die vermutlich das Krebsrisiko senken.

Grüner Tee

Seit mehr als 4000 Jahren wird grüner Tee in Asien konsumiert. Die Blätter stammen wie der schwarze Tee vom Teestrauch Camellia sinensis. Sie sind allerdings nicht fermentiert und enthalten darum andere Substanzen als Schwarztee. Auch die westliche Medizin hat den Tee entdeckt und auf seine Wirkstoffe hin abgeklopft. Das Ergebnis: Vitamin C, Beta-Carotin und Tannine (Catechine) aus grünem Tee bieten theoretisch Schutz gegen Krebszellen und vorzeitiges Altern. Epigallocatechingallat (EGCG) ist das wichtigste Antioxidans in grünem Tee. Es soll das Wachstum von Krebszellen hemmen, indem es zahlreiche Stoffwechselvorgänge in der Tumorzelle beeinflusst. Zwar konnte in großen Humanstudien die Wirksamkeit von Grüntee gegen Krebs nicht belegt werden – täglich zwei bis drei Tassen grüner Tee können jedoch nicht schaden.

Hafer

Haferflocken liefern viele Ballaststoffe, vor allem Beta-Glukan, das als Präbiotikum die Darmbakterien füttert und so für ein gutes Darmmilieu sorgt. Auch sekun-

däre Pflanzenstoffe wie Avenanthramid und Saponine können womöglich vor allem Darmkrebszellen vor der Entartung schützen. Beta-Glukan steckt auch in Pilzen und Gerste.

Kaffee

Einst als Krankmacher verschrien, gilt Kaffee heute als medizinisches Allroundtalent. Laut dem WCRF schützt er wahrscheinlich vor Leber- und Endometriumkrebs. Vielleicht bietet der Morgentrunk auch Mund, Rachen, Kehlkopf und Haut Schützenhilfe gegen Krebs. Zudem gibt es Hinweise, dass durch Kaffeegenuss das Risiko für Brust- und Prostatakrebs sinkt. Warum? Einerseits verhindert Koffein die Aufnahme von Fett im Darm. Zweitens erhöht es den Grundumsatz, wodurch mehr Kalorien verbrannt werden. Beides verhilft zu einer schlanken Linie. Darüber hinaus enthalten Kaffeebohnen ein Sammelsurium an bioaktiven Substanzen, die oxidativen Stress mindern und Entzündungen hemmen. Sie verbessern auch die Insulinempfindlichkeit von Zellen, sodass die Insulinpegel im Blut niedrig gehalten werden. Zwei bis vier Tassen pro Tag gelten als ideal. Ein sehr hoher Kaffeekonsum hat wiederum negative Effekte vor allem auf die Nerven. Um das Krebsrisiko zu senken, ist es egal, ob man Filterkaffee, Espresso oder koffeinfreien Kaffee trinkt. Aber trinken Sie ihn möglichst ohne Zucker und Kuhmilch.

Knoblauch

Bereits vor 3500 Jahren kannte man im alten Ägypten das Anti-Tumor-Potenzial, das in Knoblauch steckt. Schwefelhaltige Aromastoffe der Knolle wie Allicin oder Alliin beugen wahrscheinlich Tumoren im Magen-Darm-Trakt vor. Je nachdem, wie man Knoblauch zubereitet, ob roh oder gebraten, entstehen andere Wirksubstanzen, die auf verschiedenen Stufen der Krebsentstehung eingreifen. Je länger Knoblauch zum Beispiel lagert, desto mehr Alliin steckt in den Zehen. Ähnlich gute krebsschützende Effekte haben

auch andere Vertreter der Zwiebelgewächse wie Lauch, Zwiebeln oder Frühlingszwiebeln.

Kohlsorten

Rosenkohl, Grünkohl, Brokkoli oder Weißkohl gelten als besonders schlagkräftige Helfer gegen Krebs. Der Grund: Sie liefern hochwertiges Eiweiß, zudem Beta-Carotin, Folsäure, Vitamin C, Kalzium, Eisen und Ballaststoffe. Unter den sekundären Pflanzenstoffen sind vor allem die Senfglykoside zu nennen. Diese neutralisieren freie Radikale und dimmen Entzündungsherde herunter. Idealerweise sollten Sie Kohl nur dämpfen oder kurz anbraten, damit die guten Inhaltsstoffe nicht zu stark verloren gehen. Beim Fermentieren von Kohl etwa zu Sauerkraut oder Kimchi entstehen im Gärtopf wertvolle Milchsäurebakterien, die mit der Mikroflora im Darm interagieren und wahrscheinlich unser Immunsystem stärken. Sauerkraut enthält zudem viel Vitamin C. Man kann Sauerkraut oder anderes fermentiertes Gemüse gut selbst herstellen (siehe Seite 152).

Kurkuma

Kurkuma, auch als Gelbwurz bekannt, ist ein Gewürz in Currymischungen und wird schon seit 5000 Jahren in der ayurvedischen Medizin eingesetzt - vor allem gegen Entzündungen. Heute weiß man, dass für diese Heilwirkung der wurzeleigene sekundäre Pflanzenstoff Curcumin verantwortlich ist. Zudem werden Curcumin antioxidative Eigenschaften zugesprochen. Labortests haben gezeigt, dass Curcumin das Wachstum von Krebszellen hemmen kann. Allerdings gibt es kaum Humanstudien und oftmals wurden auch Curcuminmengen untersucht, die man nur über die Nahrung nicht aufnehmen kann. Aber in jedem Fall gilt: Mit Gewürzen und Kräutern sollten Sie in der Küche nicht sparen! Auch Rosmarin, Zimt, Ingwer oder Petersilie liefern viele Anti-Krebs-Stoffe und bringen Geschmack in die Speisen.

!

Soja bei Krebs ungefährlich

Wie gesund Soja ist, wenn sich bereits ein Tumor in der Brust gebildet hat, war lange umstritten. Genistein und Daidzein wirken nämlich ähnlich wie das Geschlechtshormon Östrogen. Sie docken also an entsprechenden Rezeptoren in der Brust an. Sind die Krebszellen auch östrogen-positiv (ER+), könnten die Pflanzenhormone aus Soja theoretisch deren Wachstum anspornen. Tierstudien ließen den Verdacht aufkommen, dass Soja bereits vorhandene Krebszellen unterstützen könnte. Doch mittlerweile gibt es Entwarnung: Neue Studien haben belegen können, dass Sojadrink, Tofu und Co. unbedenklich sind und 100 Gramm Tofu oder 250 Milliliter Sojadrink auf dem Speiseplan von KrebspatientInnen stehen dürfen. Möglicherweise senkt Soja sogar die Rezidivrate.

Olivenöl

Das „Gold der Kreter“ könnte helfen, Krebs vorzubeugen. Olivenöl enthält eine Fülle an Antioxidantien wie etwa Oleacanthal. Möglicherweise verlangsamen diese das Krebswachstum in Brust, Darm und Gebärmutter sowie die Bildung von Metastasen. So fand die PREDIMED-Studie heraus, dass Probandinnen, die eine Extraportion Olivenöl pro Tag verzehrten, ein um 68 Prozent verringertes Brustkrebsrisiko hatten. Wirksam ist allerdings nur das kalt gepresste Olivenöl, in raffiniertem Öl fehlen die wertvollen Polyphenole.

Sojabohnen

Soja, egal ob als Sojadrink, Tofu oder Miso verzehrt, schützt möglicherweise vor Brust- und Prostatakrebs. Wer regelmäßig Sojaprodukte isst, hat wahrscheinlich auch ein geringeres Risiko für Endometrium-, Magen- und Darmkrebs. Das Isoflavon Genistein drosselt die Bildung von Östrogen. Zudem hat es antientzündliche Fähigkeiten und kappt Gefäße, die Tumoren zum Wachstum brauchen. Saponine bekämpfen im Dickdarm Krebszellen, Phytinsäure und Enzyminhibitoren fangen den Krebszellen Wachstumsenzyme weg.

Spinat

In grünem Gemüse wie Spinat, aber auch in Mangold oder Grünkohl stecken die Farbstoffe Lutein und Chlorophyll. Diese zählen zu den Carotinoiden und schützen laut dem WCRF wahrscheinlich gegen Lungen- und Brustkrebs. Chlorophyll macht bestimmte krebserregende Giftstoffe aus Grillgut (wie PAKs) unschädlich. Spinat liefert zudem wichtige Mineralstoffe und wirkt damit entzündungshemmend. Auch das B-Vitamin Folsäure findet sich in Spinat und anderem Grüngemüse und mindert ebenso das Krebsrisiko.

Rote Bete

Rote Bete gilt Komplementärmedizinern seit Langem als Waffe gegen Krebs. Zunehmend werden die in den

Knollen enthaltenen roten und gelben Pflanzenfarbstoffe, die Betalaine, auch wissenschaftlich erforscht. Im Labor zeigten sie antioxidative und entzündungshemmende Wirkungen. Betalaine stecken auch in anderen Betesorten sowie in den farbigen Stielen von Mangold. Zur Bioverfügbarkeit und ihren tatsächlichen gesundheitlichen Effekten ist bisher allerdings nur wenig bekannt. Dennoch ist es empfehlenswert, Rote Bete öfter auf den Speiseplan zu setzen.

Tomaten

Der rote Pflanzenfarbstoff Lycopin aus Tomaten beugt vermutlich Krebs vor. Er wirkt entzündungshemmend und antioxidativ und gilt als einer der stärksten Radikalfänger. Lycopin soll das Zellwachstum hemmen und den programmierten Tod von Zellen unterstützen. Freilandtomaten, die länger reifen konnten, schmecken nicht nur aromatischer als Gewächshaustomaten, sie enthalten auch wesentlich mehr sekundäre Pflanzenstoffe. Lycopin kommt besonders in Tomatenprodukten wie Saucen oder Tomatenmark vor. Denn: Beim Kochen werden die Zellwände der Früchte aufgespalten und die Inhaltsstoffe sind für den Körper besser verfügbar. Ein weiteres Gesundheitsplus von Tomaten ist Beta-Carotin. Laut WCRF schützen Beta-Carotinreiche Lebensmittel wahrscheinlich vor Lungenkrebs.

Walnüsse

Walnüsse senken mit ihren gesunden Fettsäuren das Krebsrisiko. Vitamin E und Phenolsäuren machen freie Radikale unschädlich. Auch andere Nüsse und Samen – beispielsweise Sesam, Kürbiskerne oder Erdnüsse – liefern Omega-3-Fettsäuren und sekundäre Pflanzenstoffe. In Sesam steckt das krebsschützende und entzündungshemmende Sesamöl. Erdnüsse, die botanisch eigentlich zu den Hülsenfrüchten zählen, enthalten Resveratrol, das auch Weintrauben so gesund macht. Kürbiskerne liefern Phytoöstrogene wie Soja. Alle Nüsse und Samen sind obendrein eiweiß-, ballaststoff- und mineralstoffreich. 25 Gramm täglich sollten auf dem Anti-Krebs-Speiseplan stehen. Allerdings ungesalzen, da Salz wiederum Entzündungen schürt. Auch wichtig: Verschimmelte Nüsse unbedingt entsorgen, da diese lebertoxisch sind. Erhitzen tötet Pilzgifte nicht ab.

Zitrusfrüchte

Sie liefern reichlich Carotinoide, Terpene und Flavonoide. Letztere verstärken die Wirkung von Vitamin C, des ebenfalls in Zitrusfrüchten enthalten ist. Wichtig: Die meisten Flavonoide stecken in der weißen, wattigen Schicht unter der Schale. Zudem liefern Zitrusfrüchte das ätherische Öl Limonen, das ebenso wie Flavonoide und Carotinoide gegen Krebszellen vorgeht. Orangen und Co. können auch mit löslichen Ballaststoffen und Folsäure punkten. Diese Kombi ist der Grund, warum Zitrusfrüchte möglicherweise Tumoren im Magen verhindern können. Die aromatischen Zitronen- und Orangenzesten eignen sich wunderbar zum Verfeinern von Speisen. Dafür sollten die Früchte aber Bioware sein und vor der Verwendung kurz mit heißem Wasser gewaschen werden.

Mythen über Krebs und Ernährung

Es gibt viele Glaubenssätze zum Thema Krebs und Ernährung, die sich hartnäckig halten, verbreiten und immer wieder unnötig Angst oder unbegründet Hoffnung machen. Hier gehen die Ernährungs-Docs typischen Mythen nach und sagen, was dran ist.

Biolebensmittel schützen vor Tumoren

Das wäre ein falsches Versprechen. Trotzdem ist etwas dran, denn Biolebensmittel enthalten möglicherweise mehr Nähr- und sekundäre Pflanzenstoffe und weniger chemische Gifte als herkömmliche Produkte. Das liegt unter anderem daran, dass Biolebensmittel kaum mit Pestiziden belastet sind, deren Einsatz im Ökolandbau weitgehend verboten ist. Französische Forscher stellten fest, dass Menschen, die häufig Bioprodukte essen, ein geringeres Risiko für Brustkrebs nach der Menopause und Tumoren im Lymphgewebe haben. Trotzdem konnte die aufsehenerregende Studie mit dem Namen „NutriNet-Santé" die These „Biokost schützt vor Krebs" nicht bestätigen, denn die Teilnehmer, die viel bio aßen, lebten auch sonst gesünder.

Rotwein beugt gegen Krebs vor

Leider nicht. Der Mythos dürfte zustande gekommen sein, weil Rotwein den Pflanzenstoff Resveratrol enthält, der stark antioxidativ und entzündungshemmend wirkt. Um davon zu profitieren, müssen Sie aber nicht zum Rotweinglas greifen. Denn Resveratrol steckt in den Trauben, aus denen der Wein hergestellt wird. Sie können dunkle Weintrauben als Teil einer gesunden Ernährung auch ohne Umweg über Rotwein zu sich nehmen.

Tomaten und Kartoffeln sind krebserregend

Diese Aussage ist übertrieben. Der Mythos dürfte entstanden sein, weil Nachtschattengewächse wie Tomaten im Strunk oder Kartoffeln in grünen Stellen das schwach giftige Solanin enthalten, das zu Unrecht als krebserzeugend gilt. Tomaten werden heute so gezüchtet, dass der Solaninanteil gering und damit unbedenklich ist. Grüne Stellen in Kartoffeln kann man abschneiden; der Strunk einer Tomate schmeckt ohnehin nicht.

Wunderlebensmittel helfen

Das stimmt so nicht. Himbeeren gegen Krebszellen, grüner Tee als Vorsorgemaßnahme, spezielles Trinkwasser für einen günstigen Verlauf, Sellerie in rauen Mengen als Schutzschild oder Aprikosenkerne als pflanzliche Chemotherapie: Das mag verheißungsvoll klingen, ist aber absolut keine Lösung! Glauben Sie es nicht, wenn einzelne Lebensmittel als natürliche Wunderwaffen gegen Krebs angepriesen werden. Solche Versprechen sind unseriös und wissenschaftlich nicht belegt. Meiden Sie jede Form von Überdosierungen und setzen Sie nicht auf einzelne vermeintliche Wundermittel, sondern auf eine ausgewogene, frische und gesunde Ernährung.

Mikrowellen sind schädlich

Die These ist so nicht haltbar. Sie basiert wahrscheinlich auf der etwas irreführenden Formulierung, dass die Geräte nach außen „strahlen", was aber nicht passiert. Mikrowellen sind gut abgeschirmt und schalten sich beim Öffnen automatisch aus. Das Bundesamt für Strahlenschutz sieht dabei keine gesundheitlich bedenklichen Wirkungen, sofern die Grenzwerte eingehalten werden. Trotzdem sollte man Abstand zu laufenden Geräten halten. Hochfrequentierte elektromagnetische Felder, die die Speisen erwärmen, hinterlassen dort keine schädlichen Rückstände. Das Essen wird in seiner Zusammensetzung nicht verändert.

Entschlacken hilft gegen Krebs

Das stimmt nicht. Die These, dass der Körper regelmäßig „entschlackt" werden muss, um ungesunde Stoffe loszuwerden und damit gegen Krebs vorzubeugen, ist heute überholt. Es es gibt keine wissenschaftlichen Beweise dafür. Wenn Sie Angebote wie „Entschlacken, entgiften oder entsäuern gegen Krebs" bekommen, handelt es sich wahrscheinlich nur um Geldmacherei. Das gilt nicht nur vorbeugend – auch während der Therapie und danach ist ein gezieltes Entgiften nicht nötig. Der Körper kann sogar die meisten Zytostatika, die im Rahmen einer Chemotherapie gegeben werden, in kurzer Zeit ausscheiden, ohne dass man mit Detox- oder angeblichen Entschlackungsmaßnahmen nachhelfen muss.

Vitamintabletten und -pülverchen – hilfreich gegen Krebs?

Aktuellen Umfragen zufolge hält jeder zweite Deutsche Nahrungsergänzungsmittel für gesundheitsfördernd. Das ist nicht verwunderlich, schließlich suggeriert die Werbung für Multivitamintabletten und Co., dass diese auch gegen Krebs vorgehen könnten. Ernährungs-Doc Matthias Riedl klärt auf, ob Vitamine und Mineralstoffe in Kapselform nützen oder sogar schaden.

Eine vitaminreiche Ernährung gilt als Schutz vor Krebs. Helfen hier auch Vitamintabletten?
Einfach nach dem Gießkannenprinzip Tabletten einzunehmen, ist wenig sinnvoll. Einige Nahrungsergänzungsmittel können aber tatsächlich nützen, weil wir theoretisch zwar über die Nahrung alle wichtigen Stoffe aufnehmen könnten, die Ernährungsgewohnheiten mit viel energiedichten Lebensmitteln und wenig Mikronährstoffen dies jedoch vereiteln. Vor allem Vitamin D und Omega-3-Fettsäuren empfehle ich, wenn ein Mangel vorliegt. So hat eine aktuelle Studie für gesunde Senioren über 70 Jahren belegt, dass eine Kombination aus Vitamin-D- und Omega-3-Tabletten sowie ein einfaches Sportprogramm für zu Hause das Krebsrisiko um 61 Prozent senken kann. Jede der einzelnen Maßnahmen war auch für sich effektiv.

Wie viel Vitamin D und Omega-3-Fettsäuren sollte man einnehmen?
Die Probanden nahmen täglich 2000 IE Vitamin D3 pro Tag ein, das entspricht mehr als dem Doppelten der Menge, die derzeit für ältere Erwachsene empfohlen wird. Omega-3-Fettsäuren wurden als Fischöl in einer Menge von 1 Gramm pro Tag verabreicht. Hier ist also eine Wirkung belegt, zumal die meisten Deutschen mit beiden Substanzen unterversorgt sind.

Gibt es auch Nebenwirkungen von Vitamin-D- oder Omega-3-Tabletten?
Ja, Überdosierungen von Vitamin D und Omega-3-Fettsäuren können Nebenwirkungen wie Nierenversagen oder eine erhöhte Blutungsneigung haben. Darum muss man seinen eigenen Bedarf unbedingt immer bei seiner Hausärztin oder seinem Hausarzt checken lassen, bevor man zur Tablette greift. Und dann sollte man sich idealerweise in einer Praxis für Ernährungsmedizin beraten lassen (www.bdem.de). Dort gibt es die größte Expertise zu dem Thema.

Könnte man anstatt Fischölkapseln nicht einfach häufiger Fisch essen?
Nein. Omega-3- Fettsäuren sind in Algen, Kryll und vor allem in fettem Seefisch wie Thunfisch und Lachs in großen Mengen enthalten. Diese Fische akkumulieren aber viele Schwermetalle aus ihrer Nahrung – was schon bei einem Verzehr ab etwa 500 Gramm Fisch pro Monat gesundheitsschädlich sein kann. Darum rate ich zu hochgereinigten Fischölkapseln. Am besten sollten Sie diese zu fettreichem Essen einnehmen, dann kann der Körper sie besser verwerten. Für Vegetarier und Veganer gibt es Algenkapseln, die die gleichen Omega-3-Fette liefern, genauer: DHA (Docosahexaensäure) und EPA (Eicosapentaensäure).

Lange galten die Antioxidantien Vitamin C, E, Beta-Carotin und Selen als ultimativer Krebsschutz. Was ist davon zu halten?

In Form von Lebensmitteln sind diese Vitamine tatsächlich schlagkräftig gegen Krebs. Studien haben jedoch gezeigt, dass die Antioxidantien in Kapselform sogar Schaden anrichten können, vor allem bei Rauchern. Beta-Carotin-Tabletten erhöhten das Risiko für Lungenkrebs. In großen Studien konnten Selen und Vitamin E die männlichen Probanden nicht vor Prostatakrebs schützen.

Was ist von anderen Nahrungsergänzungsmitteln wie Curcumin- oder Resveratrolkapseln zu halten?

Die meiste Forschung zu Einzelsubstanzen aus Lebensmitteln stammt aus Tierversuchen. Wie gut sich diese auf den Menschen übertragen lassen, ist unklar. Trotzdem wird in der Werbung für diese Nahrungsergänzungsmittel wie etwa Vitamin B17 (Amygdalin) oder Vitalpilzextrakte oft suggeriert, dass eine Wirkung auch gegen Krebs belegt sei. Nahrungsergänzungsmittel sind aber keine Arzneien, sie müssen kein Zulassungsverfahren durchlaufen. Mögliche Nebenwirkungen sind darum auch ungewiss. Also: Lieber Finger weg von solchen Präparaten.

Vitamin D kann der Körper mithilfe von Sonnenstrahlen selbst herstellen. Kann man sich im Sommer für den Winter wappnen?

Leider nein. Ich rate gerade bei einem diagnostizierten Mangel am Ende des Sommers dazu, das Vitamin ganzjährig als Tablette oder als Öl einzunehmen. Wer nur nach dem Winter einen Mangel hat, sollte wenigstens in den Wintermonaten Vitamin D supplementieren. Vitamin D wirkt nämlich nicht nur vorbeugend gegen Krebs, auch in der Therapie ist eine gute Versorgung wichtig. Ein Mangel wirkt sich ungünstig auf den Verlauf aus, wenn die Krankheit bereits ausgebrochen ist. Dann verschlechtert sich die Überlebensrate. So zeigten Studien des Deutschen Krebsforschungszentrums, dass die Sterblichkeit bei einer Vitamin-D-Supplementierung um ungefähr 13 Prozent sinkt. Das bedeutet auch, dass eine flächendeckende Vitamin-D-Gabe für alle Über-50-Jährigen jedes Jahr etwa 30 000 Krebstote verhindern könnte, weil die Betroffenen schon mit ganz anderen Voraussetzungen in die Krankheit starten.

Vitamin D scheint also eine Art Supervitamin zu sein. Kann es auch Nebenwirkungen von Krebstherapien lindern?

Ja, teilweise. Vitamin D kann während der Brustkrebsbehandlung mit sogenannten Aromatase-Inhibitoren helfen, die als Nebenwirkung ein erhöhtes Osteoporoserisiko mit sich bringen und zu Schmerzen in Muskeln und Knochen führen können. Die Vitamin-D-Einnahme lindert die Schmerzen und hält die Knochendichte stabil.

Wo können Vitamintabletten in der Krebsmedizin noch hilfreich sein?

Wenn der Körper gegen Krebs kämpft, braucht er ein schlagkräftiges Immunsystem. Gerade bei Krebspatienten kann es durch Traurigkeit, Müdigkeit oder Übelkeit zu Mangelerscheinungen kommen. Deshalb sollte jeder Krebskranke in einer Schwerpunktpraxis Ernährungsmedizin mitbehandelt werden. Die Chancen sind einfach zu groß. So können Mängel rechtzeitig aufgedeckt und in Absprache mit dem Onkologen ausgeglichen werden. Dies sollte idealerweise vor der Chemotherapie geschehen. Denn es gibt Substanzen wie etwa Vitamin C oder Vitamin E, die die Wirkung von Chemotherapien mindern können. Umgekehrt sollte ein Selenmangel vor dem Beginn einer Therapie ausgeglichen werden. Denn dieser Mikronährstoff kann Nebenwirkungen der Chemo- und Strahlentherapie abfedern.

Der große Test: Wie krebsgesund leben Sie?

Wie steht es um Ihr Krebsrisiko? In welchen Bereichen können Sie sich verbessern? Finden Sie das in unserem Doppeltest heraus. Denn wenn Sie wissen, wo Ihre Achillesferse liegt, können Sie den Schalter rechtzeitig umlegen.

Lebensfakten

Wie alt sind Sie?

Jünger als 45 Jahre 0
45 bis 65 Jahre 1
Über 65 Jahre 2

Wie hoch ist Ihr Body-Mass-Index?

Er liegt über 27,5 2
Ich habe keinen blassen Schimmer 1
Er ist niedriger als 27,5 0
Mein BMI liegt klar über 30 3

Wie steht es um Ihren Schlaf?

Ich wache nachts oft auf, kann nur schwer wieder einschlafen 1
Ich habe das Gefühl, nur selten tief zu schlafen 1
Ich schlafe fast immer wie ein Murmeltier 0

Schützen Sie sich ausreichend vor UV-Strahlen?

Ja, ich trage regelmäßig eine Creme mit Lichtschutzfaktor auf 0
Nein, darum kümmere ich mich eher weniger 2

Legen Sie sich regelmäßig auf die Sonnenbank?

Ja, etwa ein- bis zweimal die Woche 2
Nein, das mache ich so gut wie nie 0

Rauchen Sie?

Ich habe noch nie geraucht 0
Ich habe das Rauchen schon vor mehr als 20 Jahren aufgegeben 0
Ich rauche regelmäßig 3
In meiner Familie und im Freundeskreis wird viel geraucht 2

Wie sieht Ihre Stressbilanz aus?

Ich stehe ständig unter Strom, kann mich nicht entspannen 2
Ich habe viel Stress, baue ihn aber durch regelmäßige Pausen und Entspannungstechniken ab 0
Ich kompensiere Stress meist mit Alkohol und/oder Zigaretten 3

Ernährung

Wie viele Portionen (1 Portion = 3 bis 4 gehäufte Esslöffel) Gemüse (auch Tiefkühlkost) essen Sie jeden Tag?

Gemüse kommt bei mir eher selten auf den Teller ... 3
Etwa ein bis höchstens zwei Portionen 1
Täglich gut fünf Portionen, wenn nicht sogar mehr .. 0

Wie viele Portionen (1 Portion 3 = bis 4 gehäufte Esslöffel) Obst (auch Trockenobst) essen Sie jeden Tag?

Obst ist nicht mein Liebstes,
ich verzichte fast immer darauf.............................. 3
Etwa ein bis zwei Portionen 1
Ich esse es mindestens fünfmal am Tag
(zum Beispiel Beeren, Äpfel) 0

Wie oft essen Sie zum Frühstück ein Müsli?

Ich liebe mein tägliches Müsli mit Haferflocken,
Nüssen und Joghurt... 0
So gut wie nie 1

Essen Sie häufig Kuchen, Kekse, Fast Food, Pommes, Naschsachen, industriell verarbeitete Lebensmittel?

So gut wie jeden Tag 3
Ich koche immer selbst aus frischen,
möglichst regionalen Produkten 0
Ich achte auf fett- und zuckerarme Lebensmittel..... 0
Schon öfter, so etwa drei- bis viermal pro Woche.... 2

Was trinken Sie am liebsten?

Cola-, Limogetränke, Energydrinks......................... 2
Vorzugsweise Mineralwasser, Kräutertee,
grünen Tee ohne Zucker 0
Kaffee, schwarzen Tee... 0
Regelmäßig Bier, Wein oder anderen Alkohol.......... 3

Wie viel rotes Fleisch (Steak, Schnitzel) essen Sie pro Woche?

Ich verzichte ganz auf Fleisch 0
Höchstens zwei- bis dreimal die Woche, insgesamt
nicht mehr als 300 Gramm.................................... 1
Fleisch ist mein Gemüse – je mehr, desto besser.... 2

Und wie sieht es mit Wurstwaren aus?

Ich esse täglich Salami, Schinken,
auch viele Würstchen, Chorizo etc......................... 3
Aufschnitt ist in meinem Kühlschrank
nur selten zu finden... 0

Wie viele unterschiedliche Gemüse, Nüsse, Obstarten, Hülsenfrüchte haben Sie in der vergangenen Woche gegessen?

Bestimmt mehr als 20 0
Weniger als 20 1

Bewegung

Wie schätzen Sie Ihre Fitness ein?

Ziemlich desolat, weil ich für Sport kaum Zeit habe
und mich nicht aufraffen kann 2
Eher durchschnittlich 1
Ich fühle mich sehr fit und energiegeladen............. 0

Wie viele Minuten pro Woche machen Sie leichten Ausdauersport wie Nordic Walking, Schwimmen, Radfahren, Wandern oder Joggen?

Deutlich weniger als 90 Minuten............................ 2
Etwa 2 Stunden... 1
Täglich mindestens 45 Minuten 0

Wie lange verausgaben Sie sich pro Woche so, dass Sie richtig ins Schwitzen kommen?

Überhaupt nicht 1
Etwa 75 Minuten.. 0

Was machen Sie in der Freizeit?

Am liebsten hänge ich vor dem Fernseher
ab oder sitze am Computer 2
Ich mache gerne Gartenarbeit,
habe viele aktive Hobbys....................................... 0
Nach Feierabend ist dann oft der Sport dran 0

Müssen Sie sich im Job viel bewegen?

Nein, ich sitze den ganzen Tag............................... 3
Ja, ich bin ständig auf Achse, laufe sicher mehr
als 5000 Schritte am Tag....................................... 0
Ich habe zwar einen Bürojob, versuche aber,
viel Bewegung in die Arbeit zu bringen................... 0

Wenn Sie die Wahl zwischen Fahrstuhl und Treppe haben: Wofür entscheiden Sie sich?

Ich nehme grundsätzlich immer die Treppe 0

Ich nehme in sieben von zehn Fällen den Fahrstuhl.. 1

Stellen Sie sich vor, Sie müssten etwa einen Kilometer zurücklegen, zum Beispiel zum Einkaufen, Shoppen, ins Kino. Welches Verkehrsmittel benutzen Sie?

Keines, ich gehe solche kürzeren Strecken immer zu Fuß 0

Dafür nehme ich das Fahrrad 0

Das Auto, was denn sonst?................................... 2

Auswertung allgemein

Addieren Sie Ihre Punkte. Die Summe verrät Ihnen in der ersten Auswertung, wie krebsgesund Sie leben.

0 bis 10 Punkte

Das meiste machen Sie schon genau richtig, um Krebs in den drei wichtigsten Bereichen vorzubeugen. Deshalb müssen Sie nur noch ein paar Kleinigkeiten in Ihrem Alltag ändern. Achten Sie auch darauf, dass Ihre Gedanken nicht ständig um „gesund leben" und „wie ich mich vor Krebs schütze" kreisen. Denn das kann leicht in Stress ausarten – und Ihr Immunsystem unaufmerksam machen.

11 bis 35 Punkte

Gar nicht so schlecht, aber auch noch nicht richtig gut – das ist Ihr Testfazit. Diese Bilanz lässt sich aber schon in wenigen Wochen verbessern, wenn Sie auf eine bewusstere, vollwertige Ernährung und tägliche Bewegung setzen. Da reicht schon ein strammer Spaziergang. Und bauen Sie auch ein paar Entspannungspausen in den Alltag ein.

36 und mehr Punkte

Sie müssen keine Sorgenfalten bekommen. Aber Sie sollten dieses Testergebnis dazu nutzen, sich ernsthaft mit Ihrer Lebensweise auseinanderzusetzen. Denn bei Ernährung und Bewegung gibt es einige Baustellen. Und bei Ihren Lebensfakten offenbar auch noch ein paar kleine Nachlässigkeiten, die Sie aber leicht abstellen können.

Auswertung in den einzelnen Bereichen

Zählen Sie zusammen, wie viele Punkte Sie in jedem einzelnen der drei Testbereiche Lebensfakten, Ernährung und Bewegung haben. Die Ergebnisse verraten Ihnen, wo genau Sie eventuell noch ein bisschen nachbessern sollten. Und wie Sie am besten an ein paar kleinen Stellschrauben drehen, um auf der sicheren Seite zu bleiben – oder wieder dahin zu kommen.

Lebensfakten

0 bis 4 Punkte

Bei Ihnen gibt es wenig zu bemängeln. Bleiben Sie mit Ihrem Gewicht am besten immer im grünen Bereich. Denn ein niedriger BMI unter 27,5 ist ein hoher Krebsschutzfaktor. Ihren BMI berechnen Sie, indem Sie Ihr Körpergewicht in Kilogramm durch Ihre Größe in Metern zum Quadrat teilen. Und verringern Sie Ihre Stressbelastung durch eine Entspannungsmethode. Das stärkt die Abwehr.

5 bis 10 Punkte

Schlafen Sie regelmäßig sieben bis neun Stunden. Ein Zuwenig bringt die innere Uhr aus dem Takt, sodass der Organismus zu wenig Regeneration bei zu vielen Stresshormonen hat. Die Abwehr kann Krebszellen dann nicht mehr so sicher erkennen und schlagkräftig bekämpfen. Am Alter lässt sich zwar nicht drehen. Aber durch ein glückliches, positives Lebensgefühl verjüngt sich auch das Immunsystem um bis zu zehn Jahre.

11 und mehr Punkte

Auf jeden Fall sollten Sie möglichst schnell weniger rauchen und Ihren eventuell zu hohen Alkoholkonsum reduzieren. Wichtig ist auch, dass Sie auf Ihre Haut aufpassen und sich vor zu viel Sonne schützen, um das Hautkrebsrisiko zu senken.

Ernährung

0 bis 6 Punkte

Ihr Management ist hier schon ziemlich klasse. Sie können das allgemeine Krebsrisiko mit täglich 500 bis 600 Gramm Gemüse, einer großen Handvoll Obst und dazu noch drei Portionen Vollkornprodukte wie Hafer, Vollkornreis oder -nudeln senken.

7 bis 12 Punkte

An Ihrem Speiseplan sollten Sie noch ein wenig arbeiten. Bauen Sie täglich mindestens 30 Gramm Ballaststoffe als Schutz vor Darm-, aber auch Blasenkrebs ein. Sie stecken nicht nur in Vollkorngetreide, sondern auch in Brokkoli, Weißkohl, Nüssen, Samen, Beeren, Kiwis und Pflaumen. Auch zwei bis drei Tassen Grüntee oder Kaffee haben eine leicht krebshemmende Wirkung.

13 und mehr Punkte

Eine Ernährungsumstellung tut bei Ihnen schon not. Wenn Sie nicht auf Fleisch verzichten möchten, essen Sie mehr Pute oder Huhn statt rotem Fleisch. Auch Wurstwaren sollten Sie reduzieren. Würzen Sie mit frischen Kräutern statt mit Salz. Das senkt die Magenkrebsgefahr. Essen Sie auch weniger industriell gefertigte Nahrungsmittel und weniger Fast Food.

Bewegung

0 bis 4 Punkte

Sport scheint ein fester Bestandteil Ihres Lebens zu sein. Das ist auch gut so. Denn jede Form von Bewegung senkt das Risiko für eine Tumorerkrankung erheblich. Bleiben Sie dran!

5 bis 9 Punkte

Ihrem Alltag fehlt körperlicher Ausgleich. Versuchen Sie, mindestens 150 Minuten pro Woche einen Ausdauersport wie Schwimmen, Nordic Walking, Radfahren oder Aquajogging zu betreiben. Diese körperliche Aktivität kann beliebig auf die einzelnen Wochentage verteilt werden. Zusätzlich sollten Sie an mindestens zwei Tagen Krafttraining von etwa 20 Minuten mit dem eigenen Körpergewicht oder Equipment wie Hanteln, Langhanteln oder Kettlebells einbauen. Das beschleunigt den Blutkreislauf und damit die Blitzpatrouille der weißen Blutkörperchen.

10 und mehr Punkte

Sport scheint ja nicht ganz Ihre Sache zu sein. Weil es schwerfällt, gleich von null auf hundert zu kommen, sollten Sie mit einem kleinen Aufbauprogramm starten. Für eine immunstimulierende Wirkung reichen anfangs schon dreimal pro Woche 15 Minuten moderates Ausdauertraining. Auch meditativer Entspannungssport wie Yoga oder Tai-Chi ist gut für die Krebsabwehr.

Die Therapie unterstützen

Während einer Krebsbehandlung und in der Zeit danach sind die Patienten starken körperlichen und seelischen Belastungen ausgesetzt. Die notwendigen schulmedizinischen Therapien erfordern viel Kraft, Geduld und Zuversicht. Auch in dieser Phase ist die richtige Ernährung ein bedeutsamer Baustein, wenn es darum geht, Schmerzen und unerwünschte Nebenwirkungen zu lindern, die Lebensqualität zu erhalten oder sie wiederzugewinnen.

Die wichtigsten Therapien im Überblick

Schneller, schonender, effektiver – die Möglichkeiten der Krebsbehandlung haben sich in den letzten Jahren enorm verbessert. Zusätzlich zu Operationen, Bestrahlungen und Chemotherapien sind moderne zielgerichtete Verfahren entwickelt worden, die eine neue Ära in der Krebsbehandlung einläuten. Lesen Sie hier, was heute möglich ist.

Als bestmögliche Krebsbehandlung gilt mittlerweile eine Kombination aus herkömmlichen bewährten Methoden und Medikamenten der neuesten Generation, die individuell auf jeden Patienten und jeden Tumor zugeschnitten werden. So können Ärztinnen und Ärzte schonender und effektiver behandeln, es gibt weniger unnötige Therapien und dafür mehr zielgerichtete personalisierte Methoden. Neue Behandlungen wirken vor allem auf molekularer Ebene. Sie unterstützen das Immunsystem und verhindern Fehlentwicklungen. Hier die wichtigsten Säulen im Überblick:

Operationen

Solange ein Tumor noch keine Metastasen gebildet hat und seine Lage es zulässt, ist die Operation nach wie vor eine gängige Therapie. Manchmal reichen ein paar Schnitte, in anderen Fällen muss ein ganzes Organ und angrenzendes Gewebe entfernt werden. Operationen werden bestenfalls so umfangreich wie nötig und so schonend wie möglich gemacht. Wenn sie gelingen, ist der Tumor vollständig entfernt, ohne dass das betroffene Organ seine Funktion verliert. Vor allem bei Brust- und Hautkrebs sind die Chancen dafür gut. Neue Verfahren wie minimalinvasive Operationstechniken („Schlüsselloch-Chirurgie") machen es möglich, dass zum Beispiel bei Brustkrebs nicht die ganze Brust entfernt werden muss. Doch auch Operationen haben ihre Risiken und können nicht bei jedem Tumor angewendet werden. Bleiben Krebszellen zurück, kommen andere Therapien zum Einsatz.

Chemotherapie

Mit chemischen Substanzen gegen bösartige Zellen: Die Chemotherapie wirkt auch dann noch, wenn sich bereits Metastasen gebildet haben. Dabei greifen sogenannte Zytostatika in den Vermehrungsprozess der Zellen ein. Die Medikamente kommen über Infusionen, Spritzen oder Tabletten direkt ins Blut. Leider beeinträchtigen sie nicht nur Tumorzellen, sondern auch gesunde – nämlich die, die sich ähnlich schnell teilen wie Krebszellen. Chemotherapien treffen den ganzen Körper und haben teilweise heftige Nebenwirkungen. Je nach Dosierung und Dauer gehören dazu unter anderem Übelkeit, Haarausfall, Müdigkeit, Durchfall und Konzentrationsstörungen. Manche können mit anderen Medikamenten oder mit Maßnahmen aus der Komplementärmedizin sowie Ernährungsmaßnahmen gelindert werden. Bei der Entwicklung neuer Zytostatika geht es darum, die Wirkungsweise so zu verbessern, dass gesunde Zellen weniger in Mitleidenschaft gezogen und die Nebenwirkungen reduziert werden.

Strahlentherapie

Strahlentherapien gehören schon lange zu den zentralen Methoden der Krebsbehandlung. Sie wirken lokal und können entsprechend begrenzte Krebsarten (zum Beispiel Kehlkopf- und Prostatakrebs) bestenfalls allein heilen. In anderen Fällen werden sie mit Chemotherapien und Operationen kombiniert – zum Beispiel um einen Tumor vor der OP zu verkleinern. Die heilenden Strahlen zerstören schädliche Zellen und ihre

Erbsubstanz. Sie können Beschwerden lindern oder auch prophylaktisch eingesetzt werden. Das Problem dabei: Auch wenn sie recht präzise arbeiten, können Strahlen gesunde Zellen treffen. Mit neuesten Techniken soll die Eingrenzung sich weiter verbessern – bis hin zur Radiochirurgie, einer Präzisionsbestrahlung, bei der viele Tumorzellen gleichzeitig zerstört werden. Relativ neu ist auch die Bestrahlung mit kleinen geladenen Teilchen (Protonen und Schwerionen), die ihre Arbeit in den Tumorzellen erledigen und außerhalb ihres Zielgebietes schnell an Wirkung verlieren. Andere Nebenwirkungen sind Müdigkeit, Erschöpfung, eventuell Hautreizungen oder Schleimhautentzündungen. Bestrahlt wird in der Regel fünfmal pro Woche. Die gesamte Behandlung kann sich über mehrere Wochen hinziehen.

Ist es wirklich Krebs?

Um das herauszufinden, gibt es verschiedene Methoden. Die Diagnose beginnt in der Regel mit einer ausführlichen Anamnese, also einer Erfassung der Krankengeschichte, und körperlichen Untersuchungen, wie etwa mit dem Abtasten bestimmter Körperbereiche. Im nächsten Schritt werden Blut- und andere Laborwerte kontrolliert. Je nach Krebsart spielen dann bildgebende Verfahren eine wichtige Rolle. Dabei kommen Röntgen-, Magnetresonanz- oder Kernspintomografie (MRT), Computertomografie (CT), Ultraschall, Endoskopie (Spiegelung), Szintigrafie (ein nuklearmedizinisches Verfahren) oder die sogenannte Positronen-Emissions-Tomografie (PET), die kleinste Tumorzellenhäufungen sichtbar macht, infrage. Mit der neuen Analysemethode Liquid Biopsy (Flüssigbiopsie) lassen sich Tumorzellen beziehungsweise Tumor-DNA im Blut nachweisen, die in so kleinen Mengen auftreten, dass herkömmliche Verfahren nicht greifen. Diese Untersuchung ist allerdings noch nicht marktfähig und nicht beim Hausarzt zu bekommen. Zell- und Gewebeproben geben Gewissheit, ob Krebszellen vorhanden sind oder nicht.

Zielgerichtete Therapien

Ob es um das Stadium, den Verlauf der Erkrankung oder die Art des Tumors geht – Krebs ist eine sehr individuelle Krankheit. Jeder Tumor ist anders und jeder Mensch reagiert anders auf bestimmte Behandlungen. Deshalb gilt für die Therapie der Zukunft: Es muss zielgerichtet und individuell behandelt werden. Dafür gibt es neue Wirkstoffe, die genau das können und punktgenau einsetzbar sind. Die sogenannten zielgerichteten Therapien (targed therapies) haben einen großen Vorteil: Sie greifen nicht alles an, was sie erreichen, sondern nur krankhaft veränderte Zellen beziehungsweise Moleküle der Tumorzellen, die das unerwünschte Wachstum beschleunigen. Gesundes Gewebe wird dabei nicht in Mitleidenschaft gezogen; die Nebenwirkungen sind geringer. Damit unterscheiden sich die zielgerichteten maßgeschneiderten Therapien von klassischen Chemotherapien. Bei Brust-, Darm- und Lungenkrebs lassen sich bereits bekannte Strukturen mit den neuen Wirkstoffen punktgenau angreifen. Leider funktioniert das nicht immer, denn Tumorzellen verändern sich immer wieder, sodass sie schwer zu identifizieren sind. Hinzu kommt, dass es für viele Veränderungen noch keine Medikamente gibt. Die Forschungen gehen weiter und gelten derzeit als möglicher Anfang einer neuen Ära in der Krebstherapie.

Immuntherapien

Diese neuen Behandlungsformen zählen zu den zielgerichteten Therapien. Dabei werden Antikörper als Medikamente eingesetzt, die nicht direkt auf den Tumor wirken, sondern das Immunsystem dazu anregen, Krebszellen zu erkennen und zu vernichten. Dazu gehören unter anderem sogenannte Checkpoint-Inhibitoren, die CAR-T-Zelltherapie und eine therapeutische Impfung. Jede dieser Therapien funktioniert auf unterschiedliche Weise. Bei einigen Krebsarten konnten damit schon bahnbrechende Erfolge erzielt werden, doch insgesamt profitieren nur 20 bis 30 Prozent der Betroffenen davon. Impfstoffe, wie sie bisher nur in Studien eingesetzt werden, können die Wirkung verstärken. Die Immuntherapien funktionieren allerdings noch nicht zuverlässig, denn bösartige Zellen entwickeln raffinierte Strategien, um der körpereigenen Abwehr zu entkommen. Die Aktivierungen des Immunsystems sind keineswegs ungefährlich.

Daran erkennen Sie unseriöse Therapien

Bei alternativen Behandlungsformen kursieren leider auch nutzlose oder gar gefährliche Angebote. Seien Sie vorsichtig, wenn ...

- ... jemand von Fällen mit Wunderheilungen spricht, die angeblich von der Schulmedizin aufgegeben wurden.
- ... ein Mittel sanft und frei von Nebenwirkungen gegen jede Krebsform helfen soll.
- ... wenn der Anbieter Ihnen Angst macht, Sie zu schnellen Entscheidungen drängt, Sie nicht mit anderen Ärzten darüber sprechen und alle bisherigen Behandlungen abbrechen sollen.
- ... die Therapie teuer ist und einen langen privaten Behandlungsvertrag erfordert.
- ... der Anbieter behauptet, Ärzte und Pharmaindustrie hätten sich gegen seine Methode verschworen.

Komplementäre Therapien

Bei diesem Thema gehen die Meinungen weit auseinander. Selbst unter Experten herrscht Uneinigkeit über die Wirksamkeit der „sanften Medizin". Fest steht aber: Sogenannte komplementäre Krebstherapien ersetzen zwar keine klassischen Behandlungen, aber sie ergänzen sie sehr gut, können die Wirksamkeit teilweise verstärken und das Rückfallrisiko senken. So lassen sich zum Beispiel Beschwerden und Nebenwirkungen wie Übelkeit, Durchfall, Schlafstörungen, Entzündungen, übermäßiges Schwitzen, Schwäche oder Infektanfälligkeit nachweislich mit naturheilkundlichen Mitteln lindern. Im Mittelpunkt stehen dabei Verfahren aus den Bereichen Achtsamkeit, Bewegung und Ernährung. Auch manuelle Therapien und pflanzliche Extrakte zum Beispiel aus Misteln, Ingwerwurzel, Traubensilberkerze oder Ginseng zeigen in vielen Fällen gute Wirkung (siehe auch Seite 52). Wichtig: Besprechen Sie alles, was Sie einnehmen, mit Ihrer Ärztin oder Ihrem Arzt, denn manchmal gibt es unerwünschte Wechselwirkungen.

Holen Sie eine Zweitmeinung ein

Wichtig zu wissen: Krebstherapien sind aufwendig und mit vielen schwerwiegenden Entscheidungen verbunden. Ist die empfohlene Klinik die beste für mich? Passt die geplante Therapie optimal? Kein Arzt ist unfehlbar. Bestenfalls informiert er seine Patienten über die Möglichkeit, eine Zweitmeinung einzuholen, und gibt ihnen die dafür nötigen Unterlagen mit, sodass das diagnostische Verfahren nicht von vorne beginnen muss. Wer in der gesetzlichen Krankenkasse versichert ist, hat das Recht auf eine Zweitmeinung (am besten vorher bei der Krankenkasse anfragen, was genau bezahlt wird). Zweitmeinungen gibt es zum Beispiel in Zentren mit einer Zertifizierung der Deutschen Krebsgesellschaft. Dort können Sie sich persönlich oder übers Internet vorstellen. Mehr Informationen gibt es unter www.krebszweitmeinung.de.

Ernährung nach der Diagnose Krebs

Für Krebskranke gelten zumeist die gleichen Ernährungsempfehlungen wie für Gesunde. Wichtig ist jedoch, sowohl Mangelernährung als auch eine Gewichtszunahme zu vermeiden. Außerdem sollte auch der Genuss beim Essen nicht zu kurz kommen.

Nach der Diagnose Krebs sitzt der Schock tief. Und auch die Krebstherapien wie Operationen, Chemo oder Bestrahlung sind physisch und psychisch belastend. Um sich dem Tumor nicht ausgeliefert zu fühlen, wollen viele Betroffene innerhalb ihrer Möglichkeiten etwas gegen die Krankheit tun. Vielleicht zählen Sie dazu. Raucher sollten, auch wenn es noch so schwerfällt, den Griff zur Zigarette meiden. Wichtig wäre auch, auf Alkohol komplett zu verzichten. Mehr Bewegung ist auch immer gut für die Gesundheit. Und eine Ernährungsumstellung kann natürlich eine wichtige Stellschraube im Genesungsprozess sein. Dafür brauchen Sie jedoch keine der propagierten Krebsdiäten (siehe Seite 50). Vielmehr ist es ratsam, sich gesund und mit ausreichend Kalorien und (hochwertigem) Eiweiß zu ernähren. Das Wichtigste ist jedoch, dass hnen das Essen schmeckt, denn Verzichtdiäten führen oft zu Mangelernährung. Und das verschlechtert das Wohlbefinden – und die Prognose.

Screening als Schutz gegen Mangelernährung

Um den individuellen Bedarf an Nährstoffen zu ermitteln, existieren Screeninginstrumente. Diese sollten laut der Deutschen Gesellschaft für Ernährungsmedizin (DGEM) alle vier bis acht Wochen angewandt werden, um rechtzeitig Mangelernährung zu erkennen. Nahrungsergänzungsmittel können bei einem konkreten Mangel helfen, sollten jedoch immer mit dem Arzt besprochen werden, da diese mit Therapien wechselwirken (siehe Seite 36) und auch negative Folgen haben können.

Risiko Mangelernährung

Fast die Hälfte der Krebspatienten verliert im Verlauf der Erkrankung an Gewicht. 15 bis 20 Prozent der Patienten haben schon vor der Diagnosestellung gemerkt, dass die Kleidung auf einmal immer lockerer sitzt. Das ist vor allem bei Leberkrebs, Lungenkrebs, Speiseröhrenkrebs, Krebs im Kopf- und Halsbereich sowie bei Tumoren des oberen Verdauungstrakts (wie zum Beispiel Magenkrebs) der Fall. Als kritisch gilt, wenn Sie mehr als zehn Prozent Ihres Körpergewichts in den letzten drei bis sechs Monaten verloren haben. Brust-, Eierstock-, Gebärmutterhals- oder Prostatakrebs macht sich hingegen eher nicht durch unfreiwilliges Abnehmen bemerkbar.

Wenn die Muskelmasse schrumpft

„Tumorkachexie“ nennen Ärzte den Gewichtsverlust im Rahmen einer Krebserkrankung. Der BMI liegt dann unter 18, weil sukzessive Fett- und Muskelmasse abgebaut werden. Warum? Bestimmte Tumoren rauben Energie, zehren somit aus. Krebszellen schütten zudem bestimmte Entzündungsfaktoren (Zytokine) aus. Auch sind die Bewegungsmöglichkeiten durch die Krankheit teils eingeschränkt. Beides fördert den Abbau von Muskelmasse, im Fachjargon: Sarkopenie. Und die ist gefürchtet. Denn in der Forschung wird immer deutlicher, dass der Muskel ein eigenständiges Organsystem bildet, das selbst zahlreiche Botenstoffe ausschüttet und so mit anderen Organen, aber auch mit dem

Immunsystem kommuniziert. Zugleich produzieren Tumorzellen Substanzen, die in der Muskulatur zu einer Insulinresistenz führen und die Fettdepots schrumpfen lassen.

Auf der anderen Seite führen Therapien vielfach zu Übelkeit, Schleimhautentzündungen und Appetitmangel. Dieses Kaloriendefizit verstärkt den Abbau von Fettdepots, aber vor allem auch von Muskelmasse. Der schlechte Allgemeinzustand vereitelt wiederum Bewegung und Muskelerhalt - ein Teufelskreis, der durchbrochen werden sollte.

Folgen von Mangelernährung

Mangelernährung ist nicht nur mit einer miserablen Lebensqualität, sondern auch mit einer schlechteren Überlebensprognose verknüpft. Zahlreiche Studien haben gezeigt, dass ein unterdurchschnittlicher Ernährungszustand Krankenhausaufenthalte verlängert, Chemotherapie und Bestrahlung schlechter verträglich und Rezidive wahrscheinlicher macht. Die traurige Folge: 20 bis 30 Prozent der Patienten sterben an der Tumorkachexie. Umgekehrt hilft ein guter Ernährungsstatus, Beschwerden zu lindern, Nebenwirkungen der Therapie zu reduzieren oder zu vermeiden, das Immunsystem zu unterstützen und die Lebensqualität zu verbessern. Und eine gesunde, kalorienreiche Ernährung erhöht die Überlebenschancen oder kann zumindest den Tod hinauszögern, auch wenn es natürlich keine Garantie dafür gibt.

Ernährungsempfehlungen nach Maß

Grundsätzlich gelten für Krebspatienten die gleichen Ernährungsempfehlungen wie für gesunde Menschen (siehe Seite 24 ff.). Eine Ausnahme bildet allerdings Alkohol: Bier, Schnaps und Wein sollten definitiv in der Krankheitsphase vermieden werden. Auch das Stillen, eigentlich ein Schutz gegen Brustkrebs, wird während der Krebstherapie nicht empfohlen. Je nach Krebsart, Alter, Therapie, Nebenwirkungen sowie anderen Begleiterkrankungen variieren die Empfehlungen dann noch in weiteren Punkten. So brauchen Krebspatienten meist eine Extraportion Eiweiß und Kalorien. In der Regel sollte das Essen ungefähr 2500 Kilokalorien pro Tag liefern, am besten verteilt auf fünf bis sieben Mahlzeiten. Teils ist auch Trinknahrung vonnöten, auch als Astronautennahrung bekannt.

Als Betroffener gehen Sie idealerweise zu einer Ernährungsberatung. Links finden Sie auf Seite 195. Damit lässt sich auch die Rückfallquote (Rezidivrate) verringern. Das heißt: Die Wahrscheinlichkeit, nach einer überstandenen Krebserkrankung nochmals daran zu erkranken, sinkt durch professionelle Beratung. Obendrein schützt Sie das auch gegen überzogene Heilsversprechungen von Möchtegernexperten, die ihre teils gefährlichen Therapien oder Produkte vor allem über das Internet verbreiten.

Mit Genuss essen

Dennoch helfen theoretische Speisepläne möglicherweise wenig, wenn Sie einfach keinen Appetit auf Vollkornbrot mit Avocado verspüren, sondern lieber ein Käsebrötchen essen. In diesem Buch haben wir im Rezeptteil ab Seite 66 viele leckere Rezepte zusammengestellt, die Ihnen den Einstieg in eine unterstützende Ernährungstherapie erleichtern sollen. Hier finden Sie viele Anregungen, wie Sie Ihren persönlichen Speiseplan optimieren können. Also wie man wertvolle Kalorien aus gutem Fett und hochwertigem Eiweiß in das Essen bekommt, und welche Lebensmittel die Mikronährstoffe Vitamine, Mineralstoffe, Probiotika, Ballaststoffe und sekundäre Pflanzenstoffe liefern. Suchen Sie sich hier Ihre Favoriten heraus. Denn Sie sollten gern und mit Genuss essen, sonst werden Sie das Untergewicht nicht los. Gönnen Sie sich daher zwischendurch auch mal Süßes, wenn Sie Lust darauf haben (siehe Seite 142). Die Ernährung sollte Sie entlasten, nicht zusätzlichen Stress oder Entbehrung für Sie bedeuten.

Nach Darmkrebs endlich schmerzfrei

Viel Weißbrot, um den Darm zu schonen? Von wegen! Angela S. setzt nach mehreren Krebsoperationen auf Ballaststoffe statt auf Schonkost und hat endlich weniger Schmerzen. Eine Ernährungsumstellung erwies sich als beste Therapie während der Nachsorge.

Brennen, Schmerzen, häufige Gänge zur Toilette und immer die besorgte Frage „Kommt der Krebs zurück?“. Nach mehreren Darmkrebsoperationen geht es Angela S. alles andere als gut. Ihr Alltag ist beschwerlich und zermürbend. Sie bekommt Tabletten gegen Durchfall und isst viel Weißbrot, um den Magen zu schonen. Doch es gibt keine Aussicht auf Besserung. Als die 55-Jährige zu den Ernährungs-Docs kommt, zeigt sich schnell: Ihre Darmflora ist massiv gestört. Zu viele schlechte Bakterienarten mit aggressiven Giftstoffen haben sich ausgebreitet. Sie können Darmschleimhautentzündungen fördern und aus körpereigener Gallensäure sogar Vorstufen von Krebs bilden.

Endlich die Ursachen bekämpfen

Für Ernährungs-Doc Silja Schäfer ist klar: Dagegen hilft nur eine gezielte Ernährungsumstellung. Bisher hat Angela S. von ihrem Arzt Tabletten gegen Durchfall und den Tipp bekommen, viel stopfende Lebensmittel zu essen. Doch das ist genau das Falsche. Denn es lähmt den Darm und wirkt nur gegen die Symptome, statt die Ursachen zu bekämpfen. Um die guten Darmbakterien zu stärken, müssen ganz andere Sachen auf den Teller – und zwar vor allem Ballaststoffe aus frischem Gemüse. Auch Fisch mit seinen entzündungshemmenden Omega-3-Fettsäuren eignet sich. Beim Getreide sind alte Sorten wie Dinkel, Emmer oder Einkorn gefragt. Um ihren empfindlichen Magen zu entlasten, soll Angela S. möglichst drei warme Mahlzeiten täglich essen und ihr Brot selbst backen. Damit der Darm früh zur Ruhe kommt, rät Silja Schäfer, nach 19 Uhr nicht mehr zu essen. Weil die schädlichen Bakterien im Darm Weizen, Zucker, tierisches Eiweiß und tierisches Fett lieben, soll ihre Patientin aus Kiel all das erst einmal weglassen. Gleiches gilt auch für Fertiggerichte und verarbeitete Produkte wie zum Beispiel Wurst.

Überwiegend vegan mit Fisch

Angela S. ist motiviert. Am Anfang hält sie gut durch, frühstückt Haferbrei mit Apfelraspeln, weicht Nüsse ein, nimmt sich gedünstetes Gemüse mit zur Arbeit. Die überwiegend vegane Ernährung mit Fisch bekommt ihr ausgezeichnet. Nach kurzer Zeit sind die Beschwerden so gut wie weg. Doch jetzt gibt es ein anderes Problem: Die Patientin wird nicht richtig satt, weil ihr Eiweiß fehlt. Sobald sie dann doch zum Beispiel Rührei isst, kommen die Schmerzen zurück. Mit pflanzlichem Eiweiß (unter anderem aus Hülsenfrüchten) geht's besser. Zusätzlich bekommt die Patientin Vitamin-B12-Spritzen, damit sie ganz auf tierische Lebensmittel verzichten kann. Angela S. bleibt am Ball. Nach fünf Monaten sind die Schmerzen fast weg. Silja Schäfer ist sehr zufrieden: „Das ist großartig. Machen Sie so weiter.“

Alternative Krebsdiäten – oft mehr Schaden als Nutzen

Ketodiät, Öl-Eiweiß-Kost nach Budwig, Heilkost nach Windstoßer, Makrobiotik oder Rote-Bete-Kur – die Auswahl an sogenannten Krebsdiäten ist groß. Viele von ihnen sind jedoch Verzichtdiäten, die eine Mangelernährung begünstigen.

Für keine Krebsdiät gibt es wissenschaftliche Belege, sie basieren auf Fallgeschichten oder veralteten Theorien. Dennoch erfreuen sie sich großer Beliebtheit. Meist haben Patienten die Anregungen dazu aus Ratgebern oder aus dem Internet. Aber es gibt auch Ärztinnen und Ärzte, die ihren Patienten spezielle Diäten empfehlen. Die Verfechter der Theorien versprechen nichts weniger als Heilung. Doch das ist gefährlich. Erstens riskiert man mit den Diäten eine Mangelernährung, die man unbedingt vermeiden sollte (siehe Seite 47). Zudem leiden die Patienten unter der eingeschränkten Nahrungsauswahl dieser Ernährungsweisen. Sie verursachen zusätzlichen Stress und schränken das Sozialleben ein. Teilweise raten die Verfechter der Diäten auch dazu, auf schulmedizinische Verfahren zu verzichten. All das ist unverantwortlich.

Ketodiät

Besonders beliebt ist die ketogene Diät, eine spezielle Form der Low-Carb-Ernährung. Die in der Ketodiät verpönten Kohlenhydrate stecken in Zucker, aber auch in Stärkehaltigem wie Kartoffeln, Brot und Nudeln. Sie sind nur in geringsten Mengen erlaubt, 20 bis 50 Gramm pro Tag. In einer Scheibe Vollkornbrot stecken schon fast 30 Gramm Kohlenhydrate. Dafür sollen die Patienten fettreich essen. Je nach Diät müssen 60 bis 90 Prozent der Energiezufuhr aus Fetthaltigem wie Sahne, Öl oder Nüssen bestehen; der Rest aus eiweißreichen Lebensmitteln wie Fleisch, Fisch, Eiern oder Milchprodukten. Dazu gibt es stärkearme Gemüse, beispielsweise Paprika, Champignons oder Spinat.

Krebs kann man nicht aushungern

Die Idee hinter der Ketodiät geht auf den Mediziner Otto Warburg zurück, der 1927 feststellte: Ein Großteil der Tumorzellen bevorzugt Kohlenhydrate – genauer: Glukose – als Energielieferant. Und da Krebszellen Glukose ohne Sauerstoff zu Milchsäure abbauen, was sehr ineffizient ist, brauchen sie sehr viel Zucker (Warburg-Effekt). Andere Treibstoffe wie Fett und Eiweiß können Tumorzellen nicht oder nur mühselig anzapfen – das können hingegen gesunde Körperzellen. Aus dem Warburg-Effekt wurde die Theorie gebastelt, man könne Krebszellen „aushungern", wenn man auf Zucker und andere Kohlenhydrate verzichte.

Wirkung ist nicht bewiesen

Humanstudien belegen jedoch keine Heilwirkung und Laboruntersuchungen zeigten, dass Tumorzellen bei Glukosemangel sogar noch schneller wachsen. Die Deutsche Krebsgesellschaft (DKG) kommt in einer Stellungnahme aus dem Jahr 2017 zu dem Fazit, dass eine ketogene Diät weder eine direkte Wirkung auf Tumorwachstum und Metastasierung hat, noch die Wirksamkeit der Therapien verbessert und auch nicht die Verträglichkeit der Chemotherapie steigert. Eine ketogene Diät kann bei Krebs sogar gefährlich sein. Denn: Die Patienten nehmen mit der Diät meist ab.

Öl-Eiweiß-Kost nach Budwig

Die Apothekerin Johanna Budwig (1908 bis 2003) glaubte, dass Krebs durch einen Mangel an Omega-3-Fettsäuren entsteht. Bei einer Krebserkrankung müssten diese Fette also vermehrt zugeführt werden, um eine bestehende Krebserkrankung günstig zu beeinflussen. Kohlenhydrate sollten indes reduziert werden. Vor allem Leinöl und Kürbiskernöl stehen auf dem Speiseplan. Bekannt ist etwa der Budwig-Quark, ein Gemisch aus Leinöl, Quark und weiteren Zutaten. Grüner Tee, frisch gepresste Gemüse- und Obstsäfte, alle Gemüse- und Obstsorten, gekochte Kartoffeln, Reis, Buchweizen, Vollkornbrot, alle Käsesorten und selbst hergestellte Brotaufstriche auf der Basis der Quark-Leinöl-Mayonnaise sowie Honig und Fruchtsäfte als Süßungsmittel zählen zu den erlaubten Lebensmitteln. Verboten sind dagegen Butter, Margarine, Fleisch und Nudeln, aber auch Kuchen, Zucker sowie Konserven, Tiefkühlware und aufgewärmte Speisen. Ob dies den Krankheitsverlauf verbessert, ist nicht bewiesen. Aus ernährungsmedizinischer Sicht ist die Budwig-Kost aber auch nicht schädlich.

Vollwertkost- und Entgiftungsdiäten

Diverse Diäten wie die Diäten nach Zabel, Bircher-Benner, Kollath und Windstoßer basieren auf der Vollwerternährung. Aus ernährungsphysiologischer Sicht sind diese Kostformen, die viele Ballaststoffe und wenig Fleisch liefern, als günstig einzuschätzen. Teilweise geht es bei diesen Krebsdiäten jedoch auch um Halbesoterisches wie Säure-Basen-Gleichgewicht, Entschlacken und Entgiften. Diese Vorstellungen gehen auf steinalte Theorien zurück, deren Wirkung nicht belegt ist. Insgesamt sind die Diäten wegen ihrer Heilsversprechen problematisch.

Breuss-Krebskur

Die Breuss-Krebskur ist eine Art Heilfasten. Dabei sollen die Patienten über 42 Tage nur vergorene Gemüsesäfte und Tee zu sich nehmen. In kleinen Schlucken, ritualmäßig. Denn: Krebszellen würden sich nur von festen Speisen ernähren. Als Nebenwirkung können teils starke Verdauungsprobleme auftreten, langfristig auch ein rapider Gewichtsverlust. Hingegen fehlen Beweise, dass dies eine wirksame Krebskur ist. Schulmedizinische Therapien werden obendrein abgelehnt. Das Perfide: Wenn die Heilung ausbleibt, soll der Patient dennoch die Kur fortsetzen. Denn offenbar hat er oder sie Fehler gemacht. Das sind typische Argumentationsweisen von Anbietern dieser dubiosen Kuren: Funktioniert die Therapie nicht, ist der Patient selbst schuld. Zweifel an der Therapie oder dem Heilpraktiker, der die Kur angeordnet hat, sind nicht erlaubt. Generell sind Fastenkuren bei Krebs nicht empfehlenswert, da sie der Tumorkachexie (siehe Seite 47) in die Hände spielen.

Die Ernährungs-Docs

Lange Fastenkuren sind definitiv schädlich für einen durch Krebs angegriffenen Körper und sollten tunlichst vermieden werden. Allerdings könnte Kurzzeitfasten während der Chemotherapie, also etwa 48 Stunden davor und 24 Stunden danach, die Lebensqualität verbessern. Erste kleine Studien legen das nahe. Patientinnen, die an Brust- oder Eierstockkrebs litten, waren weniger müde und auch andere Nebenwirkungen wie Übelkeit traten seltener auf. Die Theorie dahinter: Gesunde Zellen sind Hungerphasen gewohnt, sie werden dann träge und teilen sich seltener. Das Charakteristikum von Krebszellen ist jedoch das schnelle Wachstum und die ständige Zellteilung, egal ob wenige Nährstoffe verfügbar sind oder nicht. Die Chemotherapie schädigt Zellen jedoch vor allem während der Teilung und trifft dann vor allem die Tumorzellen. Gesunde Zellen werden weniger angegriffen und die Nebenwirkungen verringern sich. Ob Kurzzeitfasten wirklich hilft, müssen allerdings weitere Studien zeigen. Auf eigene Faust sollte kein Krebspatient fasten.

Schulmedizin und Komplementärmedizin – ein schlagkräftiges Team

Chemotherapie, Strahlentherapie, teils weitreichende operative Eingriffe – die Schulmedizin muss schwere Geschütze gegen Krebszellen auffahren. Dadurch werden auch gesunde Körperzellen in Mitleidenschaft gezogen. Es kommt zu physischen und psychischen Nebenwirkungen. Um sie zu lindern, gibt es Mittel und Therapien, wie Dr. Jörn Klasen aufklärt.

Wie ist Komplementärmedizin von Alternativmedizin abzugrenzen?

„Komplementärmedizin" versteht sich als Ergänzung zu den konventionellen Methoden wie Chemotherapie, Operation oder Bestrahlung. Dazu gehören Verfahren wie Homöopathie, Naturheilkunde, Anthroposophische Medizin, Akupunktur, Mind-Body-Verfahren oder Meditation. Während „Alternativmedizin" die konventionellen Methoden ablehnt, was natürlich sehr gefährlich werden kann. Die WHO spricht sich für eine Kombination von konventioneller und Komplementärmedizin, auch integrative Medizin genannt, aus. Rund jeder zweite Krebspatient nutzt komplementärmedizinische Verfahren. Und es wären wahrscheinlich noch mehr, wenn alle bewiesenermaßen nützlichen Verfahren von den Krankenkassen gezahlt würden, wie das in der Schweiz der Fall ist. Hierzulande profitieren leider nur Menschen davon, die sich das leisten können.

Wie erklärt sich das Interesse an ergänzenden Therapieverfahren?

Die Diagnose Krebs berührt die Menschen in einer existenziellen Art und Weise – viel mehr als etwa bei der Diagnose von Herzkrankheiten, obwohl diese teils eine schlechtere Prognose und höhere Sterblichkeitsraten zur Folge haben als Krebs. Die Betroffenen fragen sich: Warum gerade ich? Sie begeben sich auf die Suche und nutzen die Chance, etwas im eigenen Leben zu ändern. Die konventionellen Therapien können sie nicht beeinflussen, hier müssen sie den Ärzten vertrauen. Aber die Betroffenen wollen sehr häufig auch selbst etwas tun. Um Nebenwirkungen abzuschwächen, aber auch um die Heilung zu unterstützen. Hier kommt die Komplementärmedizin ins Spiel. Gleichzeitig haben sich die Medizinverfahren angenähert. Vor 40 Jahren galten komplementärmedizinische Methoden als Scharlatanerie, während es heute sogar Lehrstühle für integrative Onkologie gibt. Der Zugang zu den Therapien ist also leichter.

Gibt es denn komplementäre Verfahren, die auch heilende Wirkungen zeigen?

Aus meiner Erfahrung kann ich sagen, dass vor allem die Misteltherapie, die aus der Anthroposophischen Medizin stammt, die Heilung beschleunigt. Mistelpräparate werden subkutan von einem Arzt verabreicht und helfen zum Beispiel bei Krebserkrankungen wie Leberkrebs oder auch beim Mammakarzinom. Zudem erhöhen sie erwiesenermaßen die Lebensqualität. Dabei treten Nebenwirkungen im Vergleich zu herkömmlichen Krebstherapien selten auf. Die Präparate sind mittlerweile gut erforscht.

Und welche Verfahren helfen gegen die Nebenwirkungen von Krebstherapien?

Es gibt eine ganz klare Empfehlung für körperliche Aktivität und Sport als Mittel gegen Fatigue, das Müdigkeitssyndrom, über das Krebspatienten häufig klagen. Dann gibt es gute Daten für Tai-Chi oder Qigong bei Ein- und Durchschlafstörungen. Yoga und Ginseng sind auch gegen Fatigue wirksam und Akupunktur lindert Schmerzen. Der Extrakt der Traubensilberkerze (Cimicifuga) kann Hitzewallungen bei Brustkrebspatientinnen lindern. Und Ingwer hilft gegen Übelkeit und Erbrechen, auch das sind häufige Nebenwirkungen von Krebstherapien. Die Liste der Möglichkeiten ist aber noch viel länger und umfasst etwa Homöopathie, anthroposophische Verfahren, Naturheilverfahren wie die Hydrotherapie oder auch Meditation und Selentabletten (bei Mangel).

Welche Verfahren halten Sie für unterschätzt?

Die Kunsttherapie ist ein wichtiger Baustein der Anthroposophischen Medizin. Sowohl die Musik- und Gesangs-, als auch die Maltherapie sind sehr hilfreich, vor allem in der palliativen Onkologie, also wenn der Krebs sehr weit fortgeschritten ist. Dies bietet den Patienten die Möglichkeit, ihre Gefühle auszudrücken und vielleicht gelassener mit ihrem Schicksal umzugehen. Auch die Psychoonkologie, also die Beratung und Psychotherapie speziell für Krebskranke, kann helfen, Ängste und Stress zu bewältigen. Letztlich sind auch Selbsthilfegruppen sehr zu empfehlen, da man hier seine Erfahrungen mit der tückischen Krankheit austauschen kann und merkt, dass man mit seinen Problemen nicht allein ist.

Wie stark sind KrebspatientInnen von psychischen Problemen betroffen?

Nach der Diagnose Krebs treten bei fast zwei Dritteln der Patienten Disstress (also krank machender Stress) sowie Depressionen auf. Etwa die Hälfte leidet unter starken Ängsten, rund 15 Prozent denken sogar an Selbstmord. Darum ist es so wichtig, dass Erkrankte diese Hilfen, die von der Krankenkasse gezahlt werden, angeboten bekommen und wahrnehmen. Auch die Arzt-Patienten-Beziehung ist wichtig. Eine Ärztin oder ein Arzt sollte einfühlsam sein und auf die Fragen der Patienten eingehen.

Welche ergänzenden Verfahren sind eher nicht wirksam?

Früher hat man in die sogenannte Hyperthermie große Hoffnungen gesetzt. Ein Verfahren, bei dem das Krebsgewebe über 40 Grad erhitzt wird, um die Tumorzellen anfälliger gegen eine Chemo- oder Strahlentherapie zu machen. Es hat sich jedoch gezeigt, dass diese Wärmebehandlung nicht die erwarteten Wirkungen hat. Das Verfahren wird daher heute nicht mehr empfohlen. Auch die intravenöse Gabe von hoch dosiertem Vitamin C ist laut Leitlinien nicht wirksam, um das Überleben der Betroffenen zu verlängern. Bioenergiefeldtherapien wie Reiki, Healing-Touch- oder Polarity-Therapien sollten ebenso wenig gegen diverse Nebenwirkungen angewendet werden. Sie sind zwar nicht schädlich, aber eben auch nicht wirksam.

Gibt es denn auch negative Wirkungen von komplementärmedizinischen Verfahren?

Ja. So sollten Brustkrebspatientinnen etwa keine Sojakapseln gegen Wechseljahrbeschwerden einnehmen, da diese das Tumorwachstum sogar fördern könnten. Auch Vitamin-E-, Beta-Carotin- und Zinktabletten sollen nicht während der Krebstherapie eingenommen werden. Darum ist es auch so wichtig, dass der behandelnde Arzt immer weiß, was der Patient sonst noch an Therapien von einem anderen Arzt erhält oder auch auf eigene Faust unternimmt. Meiner Erfahrung nach funktioniert das aber in den meisten Fällen gut. Mittlerweile gibt es auch an einigen Kliniken zahlreiche Angebote an komplementärmedizinischen Verfahren.

Was tun bei Appetitlosigkeit, Übelkeit und Durchfall?

Krebstherapien sind für den Körper sehr belastend. Oft kämpfen Patienten mit unangenehmen Nebenwirkungen wie Appetitlosigkeit, Übelkeit oder Durchfall. Hier erklären die E-Docs, wie diese Beschwerden entstehen und wie Sie sie lindern können.

Chemotherapeutika bekämpfen zwar Krebszellen, leider aber auch gesunde Körperzellen, etwa in der Darmschleimhaut. Darum können Magen-Darm-Beschwerden wie Übelkeit, Erbrechen und Durchfall auftreten. Auch Nervenschäden, Hautprobleme sowie Entzündungen der Mundschleimhaut sind mögliche Folgen einer Chemo. Die Bestrahlung von Tumoren geht ebenso mit Nebenwirkungen einher, zum Beispiel mit Appetitlosigkeit und Übelkeit sowie Entzündungen, die neben Schmerzen auch Kau- und Schluckprobleme verursachen. Mit einfachen Mitteln können Sie den Nebenwirkungen aber etwas entgegensetzen.

Appetitlosigkeit und Geschmacksveränderungen

Wundern Sie sich nicht, wenn Süßes plötzlich unerträglich süß ist, Fleisch hingegen bitter anmutet und selbst Ihre Lieblingsspeise nach Pappkarton schmeckt. Das sind normale Nebenwirkungen von Krebstherapien, da auch Geschmacksnerven in Mitleidenschaft gezogen werden. Wenn Essen nicht mehr schmeckt, kann das leicht den Appetit verderben. Auch Ängste und Stress können dazu führen, dass man weniger gern isst. Gut und ausreichend zu essen ist jedoch wichtig, damit Sie kein Gewicht verlieren (siehe Seite 47). Darum können Sie auf Folgendes achten:

- Manchmal hilft es bei Geschmacksveränderungen, den Mund vor dem Essen mit (Salz-)Wasser, Kamillen- oder Salbeitee zu spülen.
- Essen Sie mehrere kleine Mahlzeiten über den Tag verteilt und immer, wenn Sie Hunger haben.
- Achten Sie auf Ihr Geschmacksempfinden. Bitteres kann Ihnen plötzlich zu bitter sein. Meiden Sie dann etwa Artischocken, Chicorée oder Endiviensalat.
- Umgekehrt können bittere Getränke wie Grüntee bei einigen Patienten den metallischen Geschmack im Mund lindern.
- Vermeiden Sie starke Essensgerüche, kalte Speisen sind in dieser Hinsicht oft besser. Idealerweise werden Sie bekocht.
- Zwingen Sie sich nicht, „gesunde“ Lebensmittel zu essen, die Ihnen nicht schmecken. Wählen Sie Speisen vor allem nach Ihrem Appetit aus.
- Trinken Sie appetitanregende Getränke wie Ingwertee. Auch Kräutertropfen (z. B. Amaratropfen) aus der Apotheke können Lust auf Essen machen.
- Decken Sie den Tisch schön und richten Sie die Gerichte auf den Tellern dekorativ an. Essen Sie am besten in Gesellschaft.
- Machen Sie Spaziergänge.

Entzündung der Mundschleimhaut, Kau- und Schluckbeschwerden sowie Mundtrockenheit

Während der Behandlung kann sich die Mundschleimhaut mehr oder weniger stark entzünden. Eine tägliche Mundpflege ist jetzt besonders wichtig. Durch die Schleimhautreizungen kann es auch zu Kau- und Schluckbeschwerden sowie Mundtrockenheit kommen. Dann sind folgende Tipps hilfreich:

- Bevorzugen Sie weiche Speisen wie Cremesuppen, Eier, Nudel- und Hackfleischgerichte, Pudding oder gekochtes Obst. Sie können auch herkömmliche Speisen pürieren oder zu Säuglingsnahrung greifen.

- Meiden Sie scharf gewürzte, geräucherte und salzige Lebensmittel. Frische Kräuter sind hingegen wohltuend.
- Kühle Speisen sind oft angenehm.
- Milchprodukte lindern Schluckbeschwerden: Geben Sie einfach Joghurt, Butter oder Sahne zum Essen (siehe auch Seite 182).
- Bei Mundtrockenheit essen Sie lieber Sauermilchprodukte wie Dickmilch, Buttermilch, Joghurt und Kefir oder auch Sojadrinks als frische Milch.
- Meiden Sie säurehaltiges Obst und Gemüse sowie Sauerkonserven und Fruchtsäfte.
- Trinken Sie statt Sprudelgetränken lieber stilles Wasser oder Kamillen-, Fenchel- oder Salbeitee.
- Essen und trinken Sie nicht zu kalt und nicht zu heiß.
- Wer unter Schluckbeschwerden leidet, sollte besser aufrecht sitzend speisen.
- Trinken Sie mehrmals in kleinen Schlucken.
- Kaugummi, Pfefferminztee oder Zitronenbonbons können die Speichelbildung anregen.
- Der flüssige Mundbalsam der Firma Wala ist eine exzellente Arznei.

Übelkeit und Erbrechen

Zytostatika oder Bestrahlung verursachen häufig Übelkeit und Erbrechen. Diese Beschwerden treten meist nach der Chemotherapie auf und klingen dann nach zwei bis drei Tagen wieder ab. Mit folgenden Tricks können Sie die Übelkeit ebenfalls verjagen und so gegebenenfalls auf zusätzliche Pillen verzichten:

- Vermeiden Sie starke Essensgerüche.
- Essen Sie eher trockene Nahrungsmittel, wie Toast, Zwieback, Knäckebrot oder Kekse.
- Kartoffelpüree, Apfelmus, Kompott, Quark und Bananen werden meist gut vertragen.
- Ingwertee hilft gegen Übelkeit, ebenso wie Kräutertees aus Fenchel, Kamille oder Minze.
- Meiden Sie sehr süße, fetthaltige und stark gewürzte Gerichte.
- Eiswürfel, Zitroneneis oder saure, aber zuckerfreie Bonbons sind auch hilfreich.
- Suchen Sie zwischen den Mahlzeiten Ablenkung durch Gespräche mit Familie und Freunden, hören Sie Musik oder machen Sie einen Spaziergang.
- Hilfreiche Arzneimittel sind Nux vomica und Nux vomica comp.

Durchfall

Wenn Schleimhautzellen im Darm durch die Krebstherapie in Mitleidenschaft gezogen werden, kann es zu Durchfall kommen. Der Körper verliert dann in kurzer Zeit viel Flüssigkeit und wichtige Mineralstoffe (Elektrolyte). Durch eine gezielte Auswahl der Lebensmittel und Getränke kann Durchfall gelindert werden.

- Gerbstoffe in Schwarz- und Grüntee können Linderung bringen. Dafür sollten die Tees 20 Minuten ziehen. Des Weiteren sind Kamillentee, Blaubeersaft, Bouillons oder Glucose-Elektrolyt-Lösungen (aus der Apotheke) hilfreich. Aber auch Wasser mit wenig Kohlensäure oder verdünnte Fruchtsäfte können den erhöhten Flüssigkeitsbedarf decken.
- Meiden Sie Alkohol, Kaffee und kohlensäurehaltige Getränke.
- Flohsamen helfen, da sie Quellstoffe wie Psyllium enthalten. Geriebener Apfel, Banane und Möhren liefern den Quellstoff Pektin. So wird Wasser im Darm gebunden und Durchfallsymptome gebessert.
- Zwieback, Reis- oder Haferschleim und Reis werden gut vertragen.
- Vorsicht mit Milch und Milchprodukten. Sauermilchprodukte wie Joghurt sind bekömmlicher.
- Meiden Sie saures Obst.
- Verzichten Sie auf fette, blähende und stark gewürzte Speisen.
- Wirksame Medikamente sind: Birkenkohle comp., Bolus alba comp. oder Stibium arsenicosum.

Neues aus der Forschung

Was haben Antibiotikabehandlungen im Kindesalter mit Darmkrebs zu tun? Müssen Krebskranke in der Küche wirklich besondere Vorsicht in Sachen Hygiene walten lassen? Und wie geht es eigentlich Menschen, die Krebs überlebt haben? Dies und noch mehr erfahren Sie hier.

Keimarme Ernährung muss nicht sein

Lange hat man Krebskranken mit intensiver Chemotherapie oder Stammzelltherapie empfohlen, keimarm zu essen, also besondere hygienische Vorsicht in der Küche walten zu lassen. Verschiedene Fachgesellschaften weisen inzwischen darauf hin, dass eine keimarme Ernährung zu einer stark eingeschränkten Nahrungsmittelauswahl führt, weil etwa frisches Obst und Gemüse sowie nicht erhitzte Lebensmittel und Gewürze tabu sind. Die Folge: Das Risiko für eine Mangelernährung steigt. Dagegen waren Lebensmittelinfektionen bei einer keimarmen Ernährung sogar häufiger. Dennoch sollten Krebspatienten sich wie auch Gesunde an die Hygieneregeln in der Küche halten, also zum Beispiel keine Rohkost auf einem Brett schneiden, auf dem man vorher Hühnchen zerkleinert hat (Salmonellengefahr!).

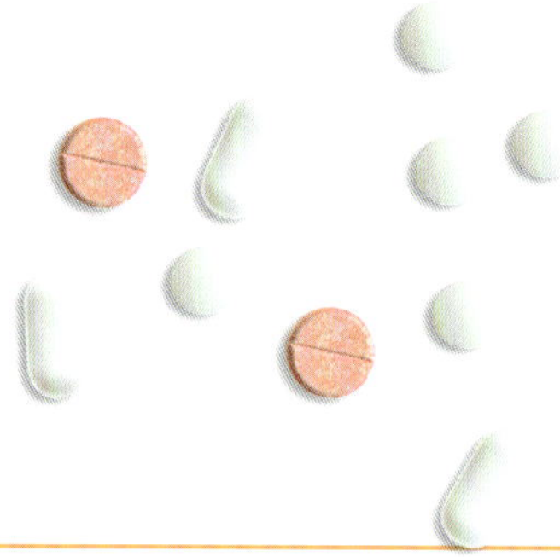

Antibiotika im Kindesalter erhöhen Darmkrebsrisiko

Eine schwedische Studie hat gezeigt, dass häufige Antibiotikagaben im Kindesalter nicht ohne negative Folgen bleiben: Das Darmkrebsrisiko im Erwachsenenalter erhöht sich um 17 Prozent. Die Mechanismen sind plausibel: Antibiotika töten krank machende Bakterien ab, machen aber auch nicht vor den guten Darmbakterien halt. Es entsteht eine sogenannte „Dysbiose“, ein entzündlicher Zustand, der die Krebsentstehung fördern kann. Bereits bei drei bis vier Antibiotikabehandlungen im Kindes- und Jugendalter wird es kritisch. Dennoch sind Antibiotika oft unverzichtbar. Daher sollten Betroffene als Erwachsene eine gute Darmkrebsvorsorge betreiben, also Vorsorgeuntersuchungen wahrnehmen und gesund leben.

Schwere Nebenwirkungen – Frauen im deutlichen Nachteil

Chemotherapie, Immuntherapie, Bestrahlung – Krebstherapien gehen mit teils heftigen Nebenwirkungen einher. Unter diesen leiden prozentual Frauen deutlich mehr, wie eine aktuelle Studie mit mehr als 23 000 Teilnehmenden belegt. Insgesamt klagten Krebspatientinnen zu 34 Prozent häufiger über Schmerzen, Appetitlosigkeit oder Fatigue. Woran dies liegt, ist bislang unklar. Die Autoren vermuten einerseits, dass Frauen es eher kommunizieren, wenn es ihnen schlecht geht. Es müsse jedoch zudem biologische Erklärungen geben, da auch objektive Nebenwirkungen wie veränderte Blutwerte analysiert wurden. Meist beruhen solche biologischen Unterschiede zwischen den Geschlechtern auf den unterschiedlichen Pegeln an Sexualhormonen.

Risikofaktor Süßstoffe?

Seit Jahren wird über kalorienfreie Süßstoffe wie Aspartam (E951), Acesulfam-K (E950) und Sucralose (E955) diskutiert. Lebensmittelbehörden halten diese jedoch für unbedenklich. Nun zeigt eine französische Studie mit mehr als 100 000 Teilnehmenden: Je mehr Süßstoffe konsumiert werden, desto höher ist das Brustkrebsrisiko sowie das Risiko für Krebsarten, die mit Übergewicht in Verbindung stehen. Das Krebsrisiko stieg mit 13 Prozent leicht an, vor allem bei Aspartam und Acesulfam-K. Dies ist zwar kein endgültiger Beweis, da es sich um eine reine Beobachtungsstudie handelt. Allerdings: Süßstoffe könnten auch Übergewicht sowie Diabetes Typ 2 fördern. Darum sollten sie – wenn überhaupt – nur in Maßen konsumiert werden.

Krebslangzeitüberlebenden geht es seelisch gut

Wer nach der Krebsbehandlung fünf Jahre überlebt, gilt als Langzeitüberlebender. Wissenschaftler des Deutschen Krebsforschungszentrums (DKFZ) wollten nun wissen, wie es diesen Personen geht, und haben dafür 2700 Personen befragt, deren Diagnose mehr als 14 Jahre zurücklag, die aber teilweise auch Rückfälle erlebt hatten. Das Ergebnis: Über ein Jahrzehnt nach ihrer Diagnose bewerteten die Langzeitüberlebenden Lebensqualität und Gesundheitsstatus sogar etwas besser als Menschen, die nie unter Krebs litten. Lediglich bei den sozialen Kontakten fühlten sich Krebsüberlebende eingeschränkt. Und auch bei Rückfällen war die Lebensqualität natürlich gemindert.

Vorbeugend oder nach der Erkrankung: So mindern Sie Ihr Risiko

Neben der richtigen Ernährung spielen auch andere Faktoren eine Rolle, wenn es darum geht, Krebs zu verhindern oder nach der Krankheit wieder gesund zu werden. Ausreichend bewegen, Stress abbauen, Tabak meiden, Alkohol reduzieren und die Seele stärken – das sind die Eckpfeiler.

Nicht bei allen, aber bei den häufigsten Krebsarten gilt: Ein gesunder Lebensstil kann vorbeugen und das Risiko eines Rückfalls senken. Es gibt zwar Ausnahmen, bei denen Zufälle die Krankheit auslösen und die leider mit zunehmendem Alter häufiger auftreten, doch ansonsten lässt sich einiges tun. Vermeiden Sie möglichst viele Dinge, die heute als Ursachen für Tumorerkrankungen gut bekannt sind, und setzen Sie auf die folgende Formel für einen „krebsgesunden" Lebensstil: Gesund essen, nicht rauchen, keinen oder möglichst wenig Alkohol trinken, regelmäßig Sport treiben, belastenden Stress gezielt abbauen und sich zwischendurch ebenso wie in der Nacht gut erholen. Sie sehen: Jeder hat einige Möglichkeiten, etwas zu tun. Wie das gelingen kann, lesen Sie hier.

Den Alltag Schritt für Schritt verändern

Veränderungen gelingen selten von heute auf morgen. Denn viele Gewohnheiten haben sich über Jahre oder Jahrzehnte eingeschlichen, sodass wir nicht so einfach wieder davon loskommen. Gehen Sie deshalb in kleinen Schritten vor und verlangen Sie nicht zu viel von sich. Überlegen Sie in allen Fragen des Lebensstils, was Sie verändern könnten, ohne dass es Sie überfordert und Sie deshalb schnell wieder aufgeben. Wenn Sie Ihre Ernährung umstellen möchten, gelingt das mit einem Ernährungstagebuch, in dem Sie alles aufschreiben, was Sie essen, und jeden Tag einen neuen guten Vorsatz in die Tat umsetzen. Auch beim Thema Bewegung hat es sich bewährt, mit kleinen Einheiten (zum Beispiel mit einem Spaziergang täglich) loszulegen und dann langsam, aber regelmäßig mehr Bewegung in den Alltag einzubauen.

Gezieltes Stressmanagement

Stress ist eigentlich nicht ungesund. Unser Körper ist dafür angelegt, mithilfe von Stresshormonen in sehr kurzer Zeit sehr leistungsfähig zu werden. Hält dieser Zustand nicht zu lange an, hat es keine negativen Folgen für die Gesundheit. Das passiert erst, wenn die Belastung zum Dauerzustand wird und unser Körper die Stresshormone nicht mehr abbauen kann. Die Folgen zeigen sich mit zahlreichen Symptomen: Wir schlafen schlecht, sind häufig müde, schnell überfordert, werden leicht krank, leiden unter Magenbeschwerden, Verspannungen, Schmerzen und psychischen Problemen. Vor allem ständige Sorgen, Überlastungen und Unzufriedenheit sind weitverbreitete Stressfaktoren. Dagegen hilft gezieltes Stressmanagement.

Unter den verschiedenen Methoden zur Entspannung und Stressreduktion hat sich die sogenannte Mindfulness-Based-Stress-Reduction (MBSR) bewährt. Sie wird häufig in Kliniken im Rahmen einer Krebstherapie angeboten. Dabei werden Stress und Schmerzen in erster Linie durch mehr Achtsamkeit reduziert. Das funktioniert mit Aufmerksamkeits-, Konzentrations- und Bewegungsübungen, die die Gesundheit fördern und die Lebensqualität verbessern. Erfinder dieser Methode ist der Stressforscher und Begründer der modernen Achtsamkeitsforschung Prof. Dr. Jon

Kabat-Zinn. Das Programm ist als Einstieg in die Praxis der Achtsamkeit gedacht und konnte auch wissenschaftlich überzeugen. In der Regel besucht man einen achtwöchigen Kurs (gibt es mittlerweile online).

Sonne mit Nebenwirkungen

Wenn die Sonne scheint, fühlen wir uns meist wohl. Das helle Licht hebt die Stimmung und regt die Vitamin-D-Produktion an – und zwar in einem Ausmaß, das sich über die Ernährung nicht erreichen lässt. Vor allem in Kombination mit Bewegung – zum Beispiel beim Sport draußen an einem sonnigen Tag – tut Licht Körper und Seele gut. Ohne Vitamin D würden die Knochen brüchig, außerdem würde das Immunsystem geschwächt. Bei anderen Erkrankungen beeinflusst das Sonnenvitamin sowohl heilende als auch schädliche Prozesse. In Bezug auf Krebs gibt es einiges zu beachten. Erst einmal gehört Hautkrebs zu den häufigsten Krebserkrankungen. Zu viel UV-Licht ist erwiesenermaßen die Hauptursache dafür. Deshalb gilt: Meiden Sie Sonnenbrände und lange Sonnenbäder, aber auch künstliches UV-Licht in Solarien. Schützen Sie

Das hilft, um herunterzukommen

Schluss mit zu viel Stress. Diese kleinen Maßnahmen für den Alltag heilen zwar keinen Krebs, verbessern aber die Lebensqualität und senken den Stresshormonspiegel:

- **Nicht zu perfektionistisch sein:** Alles, was uns zufrieden und entspannt macht, darf ruhig ein bisschen herausfordern, aber nicht überfordern. Bewährt hat sich dafür das sogenannte Pareto-Prinzip, auch die 80-zu-20-Regel genannt. Das heißt, dass wir 80 Prozent unserer Aufgaben in 20 Prozent der aufgewendeten Zeit erfüllen können. Wer mehr macht, gerät meist in negativen Stress. Wenn Sie sich diese Regel zu eigen machen, kommen Sie aus ungesunden Stressspiralen heraus, weil Sie schneller am Ziel sind, also Aufwand und Nutzen abwägen und sich nicht in unwichtigen Details verlieren.

- **Musik als Unterstützung:** Wer im Alltag nur schwer zur Ruhe kommt, sollte öfter mal Musik hören. In Studien zeigte sich, dass der Stresslevel bei beruhigenden Klängen um 65 Prozent sinkt, der Herzschlag langsamer und der Blutdruck niedriger wird und die Atmung sich verbessert.

- **Minimeditationen:** Zwischendurch ohne großen Aufwand relaxen und wieder auftanken? Das gelingt mit leichten Kurzmeditationen in Form von Atemübungen. Beispiel: Suchen Sie sich einen ruhigen Ort, schließen Sie die Augen, zählen Sie langsam bis vier und atmen Sie dabei ein, danach zählen Sie beim Ausatmen bis acht. Machen Sie das ein paar Mal nacheinander.

- **Humor hilft:** Wenn es gelingt, die Dinge nicht zu schwer und idealerweise mit ein wenig Humor zu nehmen, wird es nicht nur leichter, eine Krankheit zu ertragen. Beim Lachen baut der Körper das Stresshormon Cortisol ab, stärkt das Immunsystem und lindert Schmerzen. Außerdem bilden sich mehr Blutzellen, die Viren und Entzündungen abwehren können.

sich (vor allem) in der warmen Jahreszeit mit Kleidung, Kopfbedeckung, Sonnenbrille und Sonnencreme mit einem für Ihren Hauttyp passenden Lichtschutzfaktor. Damit der Körper trotzdem über die Haut Vitamin D bilden kann, lautet die Empfehlung: Lassen Sie zwei- bis dreimal in der Woche jeweils etwa 12 Minuten lang Sonne auf die ungeschützte Haut im Gesicht, an den Händen, Armen und an den Beinen. Wer Medikamente zur Krebsbehandlung nimmt, sollte mit seiner Ärztin oder seinem Arzt über das optimale Maß an Sonne sprechen, denn manche Mittel machen lichtempfindlich.

Schlafmangel erhöht das Risiko

Menschen brauchen im Durchschnitt jede Nacht sieben bis acht Stunden Schlaf. Wer das dauerhaft unterschreitet, erhöht aus verschiedenen Gründen sein Krebsrisiko. Während wir schlafen, finden im Körper wichtige Regenerationsprozesse statt. Dazu gehört auch die Produktion von Hormonen, die Tumoren bekämpfen – wie zum Beispiel Melatonin. Das Schlafhormon macht zum einen sogenannte freie Radikale unschädlich, die das Erbgut angreifen. Zum anderen bremst es bei Frauen die Östrogenproduktion in den Eierstöcken. Wird der Schlaf häufig gestört oder findet er unregelmäßig statt (zum Beispiel bei Schichtarbeitern), wird die Melatoninproduktion gedrosselt – mit der Folge, dass der Körper zu viel Östrogen produziert, was wiederum für Patientinnen gefährlich ist, die bereits Brust- oder Eierstockkrebs haben.

Schlafmangel hat auch einen Einfluss auf das Hormon Cortisol, das ebenfalls Immunzellen stärkt, die gegen Krebszellen kämpfen. Es wird vor allem am frühen Morgen ausgeschüttet. Kommt man beim Schlafen aus dem Rhythmus, wird der Cortisolzyklus gestört. Das Hormon arbeitet dann nicht mehr so effektiv gegen angreifende Zellen. Das erklärt auch, warum Menschen, die in Nachtschichten arbeiten, ein erhöhtes Krebsrisiko haben. Tierversuche zeigten, dass schlechter Schlaf bestimmte Entzündungen fördert, die dafür sorgen, dass Tumoren schneller wachsen.

Besser schlafen

Um die eigene Schlafqualität zu verbessern, gelten für Krebspatienten und Gesunde die gleichen Regeln: Achten Sie nachts darauf, dass Ruhe herrscht und dass es weder zu kalt noch zu warm im Schlafzimmer ist. Optimal sind etwa 18 Grad. Verbannen Sie elektrische Geräte und meiden Sie Kaffee vorm Einschlafen ebenso wie Alkohol und kohlenhydrathaltiges Essen zu später Stunde. Sportliche Aktivitäten sollten Sie am späten Nachmittag oder am frühen Abend beenden. Halten Sie einen festen Schlaf-wach-Rhythmus ein, indem Sie möglichst immer, also auch am Wochenende, zur gleichen Zeit ins Bett gehen und aufstehen. Damit Ihre innere Uhr sich darauf einstellen kann, helfen kleine Rituale vorm Einschlafen – zum Beispiel etwas Beruhigendes lesen, eine Entspannungsübung, eine Wärmflasche oder ein warmer Hopfentee. Auch autogenes Training kann den Schlaf verbessern.

Tabak und Alkohol meiden

Rauchen ist der wichtigste vermeidbare Risikofaktor. Giftige Substanzen aus Tabak reagieren mit dem Erbgut der Zellen, sodass Mutationen entstehen und bösartige Zellen sich unkontrolliert vermehren können. Auch wer nur wenig oder passiv raucht, ist gefährdet. Deshalb ist es wichtig, nicht nur selbst auf die Glimmstängel zu verzichten, sondern auch das eigene Zuhause und den Arbeitsplatz rauchfrei zu halten. Beim Thema Alkohol gilt: Um das Krebsrisiko zu verringern, trinken Sie am besten gar nichts, denn es gibt keine „gesunden Mengen“, wie immer wieder behauptet wird. Eine neue Studie hat gezeigt, dass insbesondere ein höherer Körperfettanteil bei Übergewichtigen die schädlichen Wirkungen von Bier, Schnaps und Co. verstärkt. Je mehr überschüssiges Fett jemand hat und je mehr er trinkt, desto größer wird das Risiko: Es steigt um bis zu 61 Prozent. Selbst Übergewichtige, die nur wenig Alkohol trinken, erhöhen ihr Krebsrisiko demnach um 53 Prozent.

(Röntgen-)Strahlen und Schadstoffe

Die Annahme, dass Röntgenstrahlen Krebs erzeugen, ist weitverbreitet, aber heute meist unbegründet, denn die Belastungen sind nur noch sehr gering. Hier gilt „Die Dosis macht das Gift“. Bedenklich wird es erst bei hohen Dosierungen, die Schäden am Erbgut verursachen können, aus denen sich Krebszellen entwickeln. Da muss man Nutzen und Risiko gut abwägen. Zu Hause sollte man eventuelle Strahlenbelastungen durch erhöhte Radonwerte messen lassen und mit baulichen Maßnahmen senken. Am Arbeitsplatz schützen Sicherheitsvorschriften vor krebserregenden Stoffen. Und nicht vergessen: Auch beim Essen können wir Schadstoffe aufnehmen. So entstehen zum Beispiel durch falsches oder zu langes Lagern giftige Schimmelpilze oder bei zu scharfem Braten krebserregende Stoffe. Faule Stellen in Obst und Gemüse sollten Sie immer großzügig herausschneiden.

Psychologie: Krebs und Persönlichkeit

Warum trifft es ausgerechnet mich? Habe ich etwas falsch gemacht? Gab es verdrängte krank machende Erlebnisse in der Kindheit? Wäre ich gesund geblieben, wenn ich anders gelebt hätte? Wer Krebs hat, stellt sich viele Fragen. Das ist in Anbetracht der Schwere der Erkrankung verständlich, aber auch quälend, denn ein möglicher Zusammenhang würde zu Selbstvorwürfen führen. Überlegungen wie „Haben meine Ängste die Krankheit ausgelöst?“ oder „Wäre das nicht passiert, wenn ich ein zufriedenerer Mensch gewesen wäre?“ lassen sich nach Erkenntnissen der Wissenschaft weder mit einem klaren Ja noch Nein beantworten. Denn sie hängen von Erinnerungen ab, die sehr subjektiv und nicht unbedingt „richtig“ oder „falsch“ sind. Deshalb ist es gut zu wissen, dass die Forschung bisher keine eindeutige Verbindung zwischen Persönlichkeit und Krebsentstehung finden konnte. Auch die sogenannte Psychoneuroimmunologie, ein noch junges Forschungsgebiet, das sich mit dem Einfluss der Seele auf das Immunsystem befasst, lieferte bislang keine Ergebnisse in diese Richtung.

Erhöhtes Risiko für ungesundes Verhalten

Es gibt allerdings eine ganze Reihe von indirekten Zusammenhängen, die verständlich werden, wenn man bedenkt, dass seelische Nöte das Risiko für ungesundes Verhalten erhöhen. In unzufriedenen, traurigen oder dauerhaft überfordernden Phasen trinken viele Menschen mehr Alkohol, greifen öfter zu Zigaretten oder anderen Drogen. Wer zu oft und zu lange unter Druck steht, kompensiert das mit süßem oder fettigem kohlenhydratreichem Essen. Dazu kommen häufig Schlafstörungen, fehlende Motivation oder Selbstvorwürfe, sodass es schwierig wird, aus dem Teufelskreis herauszukommen. All das schwächt das Immunsystem und fördert langfristig Zivilisationskrankheiten von Diabetes über Herz-Kreislauf-Erkrankungen bis hin zu Krebs. Seelische Not führt also zu ungesundem Verhalten, das zur Krebsentstehung beisteuert; sie verursacht die tückische Erkrankung aber nicht.

Raus ins Grüne: Waldbaden

Mal eben raus, um den Kopf freizubekommen? Ein Spaziergang im Grünen wirkt nicht nur entspannend, sondern auch positiv auf den ganzen Körper. Durch den Wald zu gehen, gibt uns neue Kraft, stärkt das Immunsystem und das Selbstwertgefühl. Dabei sinkt der Blutdruck und die Atmung verbessert sich. Um das zu erreichen, müssen Sie nicht stundenlang unter Bäumen wandern. Die wohltuende Wirkung setzt schon bei einem kleinen Walk von fünf Minuten ein. Bäume geben sogenannte Terpene ab, die dafür sorgen, dass sich die Abwehrzellen im Körper vermehren und besser gewappnet sind für den Kampf gegen bösartige Zellen. Natürliche Killerzellen bekämpfen nicht nur Viren, sondern auch potenzielle Krebszellen.

Die Seele stärken: Was tut mir gut?

Wenn die Krankheit bereits ausgebrochen ist, werden Patientinnen und Patienten häufig mit einem anderen Mythos konfrontiert: „Du musst positiv denken, dann wirst du wieder gesund." Das ist vielleicht gut gemeint, aber wenig hilfreich. Denn es unterstellt, dass die Betroffenen einen Einfluss auf den Verlauf ihrer Krankheit haben und den Krebs mit Willenskraft besiegen können. Da das leider nicht geht, erzeugt es unnötigen Druck oder Schuldgefühle nach dem Motto „Wenn der Zustand sich verschlechtert, sind meine negativen Gedanken schuld daran". Wie man mit der eigenen Situation umgeht, ist bei jedem Patienten unterschiedlich. Die Betroffenen sollten selbst herausfinden, was ihnen guttut, die Seele stärkt und das Wohlbefinden verbessert. Denn im umfassenden Sinn ist alles gesundheitsfördernd, was uns Freude bereitet. Bei vielen wirken zum Beispiel kreative Tätigkeiten wie Malen, Töpfern, Musizieren oder Schreiben wohltuend; andere finden Trost und Kraft in der Spiritualität.

Bewegung wirkt wie Medizin

Wie wirksam Sport gegen Krebs ist, wurde in den letzten Jahren zunehmend erforscht. Inzwischen weiß man, dass Bewegung so effektiv sein kann wie Medikamente. Sportliche Menschen haben ein um 20 bis 30 Prozent niedrigeres Erkrankungsrisiko als diejenigen, die sich kaum bewegen. Trifft der Krebs sie doch, verläuft die Krankheit meist leichter und das Rückfallrisiko ist geringer. Vorbeugend helfen körperliche Aktivitäten vor allem gegen Brust-, Darm- und Gebärmutterkörperkrebs. Nicht ganz so deutlich, aber durchaus vorhanden sind die Effekte bei Lungen-, Bauchspeicheldrüsen-, Eierstock-, Prostata-, Nieren- und Magenkrebs. Das liegt möglicherweise daran, dass Bewegung einen positiven Einfluss unter anderem auf Steroidhormone hat, die im Körper gegen Krebs wirken. Außerdem stärkt Sport das Immunsystem und verbessert den Insulinstoffwechsel. Während und nach der Therapie steigern körperliche Aktivitäten nicht nur das Wohlbefinden, sondern reduzieren auch die Nebenwirkungen von Krebstherapien.

Wer gesund ist, sollte nach Angaben der WHO mindestens 150 Minuten pro Woche aktiv sein oder sich 75 Minuten richtig anstrengen. Für die allgemeine Fitness eignet sich eine Mischung aus Muskelaufbau- und Ausdauertraining am besten. Doch auch jeder andere Sport kommt infrage, solange er Spaß macht. Wer mehr schafft, sollte ruhig mehr tun. Nur während der Therapie und danach muss das Pensum individuell angepasst werden. Niemand darf sich überfordern, sollte aber möglichst schnell mit einem sanften Training starten. In Untersuchungen erwies sich auch Yoga während und nach der Krebsbehandlung als hilfreich, um die Lebensqualität zu verbessern.

Patientenfall

Nachsorge bei Brustkrebs: Essen gegen die Schmerzen

„Bei Brustkrebs treffen die Therapien den ganzen Körper und schwächen das Immunsystem. Deshalb ist die Nachsorge so unendlich wichtig“, sagt Ernährungs-Doc Jörn Klasen. Wie wirkungsvoll das mit Ernährung geht, zeigt seine Patientin Anne B.

Brustkrebs – zuerst der Schock über die Diagnose, dann Chemo, Operationen, Bestrahlungen. Obwohl Anne B. die Krankheit überstanden hat, ist sie noch lange nicht wieder fit. Sie leidet unter Erschöpfung und schafft ihren Beruf als Friseurin nur noch mit Pausen. Außerdem hat sie hartnäckige Schmerzen in den Knochen, die sie mit Tabletten bekämpft. Dazu kommt die Angst, dass der Krebs in Form von Knochenmetastasen zurückkommen könnte. Das macht auch Ernährungs-Doc Jörn Klasen Sorgen, der die 52-Jährige erst einmal genau untersuchen lässt. Zum Glück stellt sich heraus, dass die Schmerzen „nur“ von einer Knochenmarkentzündung kommen, die sich mit einer Ernährungsumstellung behandeln lässt. Das heißt für Anne B.: Mehr Obst und Gemüse, um die Entzündungen mit Antioxidantien zu bekämpfen, und mehr hochwertiges Eiweiß bei weniger Zucker und weniger Toastbrot, Brötchen oder Nudeln. Um wieder fit zu werden, ist auch Bewegung unumgänglich. Anne B. zählt jeden Tag ihre Schritte und traut sich bald wieder längere Strecken zu. Sie merkt schnell: Sobald sie sich nicht an die Regeln hält, wird es wieder schlimmer. Also bleibt sie dran. Tatsächlich wird fast alles besser. Nach ein paar Monaten hat die Patientin kaum noch Beschwerden und kommt fast ohne Schmerzmittel aus.

Patienten fragen, die Ernährungs-Docs antworten

Nach einer Krebsdiagnose steht die Welt kopf. Wie soll es weitergehen? Wer hilft in welchen Fällen? Und was ist mit ganz praktischen Dingen des Alltags? Hier finden Sie Patientenfragen aus den Praxen der Ernährungs-Docs und die Antworten dazu.

Wenn ich eine Krebskrankheit überstanden habe, gibt es dann Spätfolgen?

Leider müssen Sie damit rechnen. Die Spätfolgen der Erkrankung und der Therapien sind aber sehr individuell. Manche merken kaum etwas, andere leiden unter starken Beschwerden, die von Organschäden und Müdigkeit über Knochen- und Muskelschwund bis zu Rückfällen reichen. Auch Ängste, Depressionen und Konzentrationsstörungen gehören dazu. Dass immer mehr Menschen damit zu kämpfen haben, liegt unter anderem daran, dass Krebspatienten heute häufiger geheilt werden und länger leben. Da die Entwicklung vergleichsweise neu ist, wird an den Zielen einer Langzeitnachsorge inzwischen mehr geforscht.

Ich habe mit 40 Jahren Krebs bekommen und meine Familie ist sehr besorgt. Wo können meine Angehörigen psychologische Hilfe bekommen?

Eine Krebserkrankung betrifft auch die Angehörigen. Ähnlich wie die Betroffenen selbst sollten Familienmitglieder sich nicht scheuen, professionelle Hilfe anzunehmen. Die finden Sie zum Beispiel in Selbsthilfegruppen, Onlineforen oder in Kliniken und Krebsberatungsstellen. Dort können Sie in geschütztem Rahmen mit neutralen Expertinnen und Experten sprechen.

Ich trinke zum Frühstück gerne Grapefruitsaft, habe aber gehört, dass das bei Krebs nicht gut ist. Woran liegt das?

Die Inhaltsstoffe der Zitrusfrüchte hemmen ein Stoffwechselenzym (CYP3A4), das für die Verstoffwechselung vieler Arzneimittel verantwortlich ist. Deshalb treten mehr Nebenwirkungen auf, wenn man während der Krebsbehandlung mit Zytostatika Grapefruits isst oder deren Saft trinkt. Wenn eine solche Wechselwirkung mit einem Krebsmedikament bekannt ist, sollte man keine Grapefruits verzehren. Fragen Sie im Zweifelsfall bei Ihrer Ärztin oder Ihrem Arzt nach.

Wo bekomme ich eine gute Ernährungsberatung und was kostet das?

Als Krebspatient sind Sie bei Fragen rund ums Essen nicht auf sich allein gestellt. Sie haben ein Recht auf eine Ernährungsberatung, die Ihre Krankenkasse bezahlt beziehungsweise bezuschusst (erkundigen Sie sich bei Ihrer Krankenkasse danach). Voraussetzung ist eine ärztliche Notwendigkeitsbescheinigung oder eine Überweisung für eine Ernährungstherapie. Eine Sitzung kostet etwa 60 Euro. Adressen von qualifizierten Ernährungsberatern in Ihrer Nähe finden Sie unter anderem über den Bundesverband Deutscher Ernährungsmediziner e.V. (www.bdem.de).

Ich habe Übergewicht. Soll ich während der Therapie eine Diät machen?

Besser nicht. Zwar ist Übergewicht ein Risikofaktor, die Therapiephase ist aber kein guter Zeitpunkt zum Abnehmen. Sie sollten sich gesund ernähren und Ihr Gewicht halten, bis die Behandlung vorbei ist. Denn die Gefahr ist groß, dass es bei einer Diät zu Mangelernährung kommt, bei der wichtige Muskelmasse verloren geht. Ist die Krankheit überstanden, sollten Sie auf jeden Fall etwas gegen Ihr Übergewicht tun. Am besten gehen Sie dabei in kleinen Schritten vor und verbinden eine Ernährungsumstellung mit Bewegung.

Ich habe durch meine Krebserkrankung viel Gewicht verloren und kaum Appetit. Jetzt wurde mir zu einer künstlichen Ernährung geraten. Was ist das genau?

Damit sind verschiedene Möglichkeiten gemeint, die die Lebensqualität sehr verbessern können, wenn eine gefährliche Mangelernährung droht. Zum einen gibt es sogenannte Trinknahrung, auch Astronautenkost genannt. Sie enthält alle wichtigen Nährstoffe, sodass man theoretisch nur davon leben könnte. Trinknahrung ergänzt aber in der Regel die normale Ernährung. Das ist vor allem bei Appetitlosigkeit sinnvoll. Wenn das Schlucken bei Krebs im Kopf-Hals-Bereich oder nach Operationen und Strahlentherapien schwerfällt, ist eventuell eine Magensonde hilfreich. Nach der Behandlung wird die Sonde wieder entfernt. Bei Magen- oder Darmkrebs raten Ärztinnen und Ärzte manchmal zur sogenannten parenteralen Ernährung. Dabei gelangen Nährstoffe über einen Venenkatheter ins Blut. Das wirkt unterstützend; ansonsten dürfen Sie normal essen. Wenn für die Chemotherapie bereits ein Port gelegt ist, wird der oft genutzt. Sprechen Sie mit Ihrer Ärztin oder Ihrem Arzt darüber. Welche Form der künstlichen Ernährung Betroffene tatsächlich benötigen, ist sehr individuell und hängt von vielen verschiedenen Faktoren ab.

Besser essen mit Genuss

Bringen Sie reichlich Gemüse und Vollkornprodukte, hochwertiges Eiweiß sowie gesunde Fette auf den Tisch – denn prall gefüllt mit antientzündlichen, antikanzerogenen und immunstärkenden Inhaltsstoffen, liefern diese Zutaten einen wertvollen Beitrag für Ihre Gesundheit. Wie gut das schmeckt, beweisen unsere leckeren Rezepte, die Sie genussvoll durch den Tag bringen. Lassen Sie sich inspirieren – wir wünschen Ihnen einen gesunden Appetit!

FRÜHSTÜCK

Gut zu frühstücken ist das A und O, damit Sie energiegeladen in den Tag starten können. Ob Müsli, Porridge oder Pancakes, ob Omelett, Rührei oder Vollkornbrot mit selbst gemachten Aufstrichen – unsere Fitmacher-Frühstücksideen bieten etwas für jeden Geschmack und liefern Power satt.

Leinöl-Quarkcreme mit Obst und Nuss-Crunch

Für 2 Personen
Zubereitung: 20 Minuten

50 g gemischte Nusskerne (z. B. Hasel-, Walnusskerne, Mandeln)
40 g kernige Haferflocken
2 TL natives Kokosöl
2 TL flüssiger Honig
1 Kiwi
80 g Himbeeren
80 g Brombeeren
400 g Magerquark
2 EL Leinöl
2 TL Leinsamen
¼ TL gemahlene Vanille

Nährwerte pro Portion: 640 kcal, 37 g EW, 37 g F, 34 g KH, 10 g BST, 15,4 g MUFS

+ Für den Crunch die Nüsse und Mandeln grob hacken und mit den Haferflocken mischen. Das Kokosöl in einer Pfanne zerlassen, die Haferflocken-Nuss-Mischung darin verteilen und bei mittlerer Hitze etwa 5 Minuten goldbraun rösten, dabei gelegentlich durchrühren. Gegen Ende den Honig dazugeben und gut untermischen. Die Mischung auf einen Teller geben und abkühlen lassen, damit sie knusprig wird.

+ Inzwischen die Kiwi schälen, längs vierteln und die Viertel in etwa 1 cm breite Scheiben schneiden. Die Him- und Brombeeren verlesen, kurz abbrausen und abtropfen lassen.

+ In einer Schüssel den Quark mit 4 EL Wasser, Leinöl, Leinsamen und Vanille cremig rühren. Die Quarkcreme auf zwei Schalen oder tiefe Teller verteilen. Zwei Drittel vom Obst darauf anrichten und mit dem Nuss-Crunch bestreuen. Mit den übrigen Früchten belegen.

Tipp: Leinöl ist sehr licht- und sauerstoffempfindlich, deshalb sollte es nach dem Öffnen gut verschlossen im Kühlschrank aufbewahrt werden. Lagert man das Öl bei Raumtemperatur, verliert es einen Teil seiner guten Fettsäuren und verdirbt rasch.

Die Ernährungs-Docs

Rühren Sie täglich 2 bis 3 EL Leinöl in Ihren Quark oder Ihr Müsli! Dank seines hohen Anteils an wertvollen Fettsäuren soll das kalt gepresste Öl krebshemmend wirken, wie viele Studien zeigen. Das gilt besonders für hormonabhängige Krebserkrankungen wie Prostata- oder Brustkrebs, aber auch für Darmkrebs. Wissenschaftler schreiben den krebshemmenden Effekt vor allem den antientzündlichen Eigenschaften der dreifach ungesättigten Alpha-Linolensäure (ALA), einer Omega-3-Fettsäure, zu.

Joghurt-Birchermüsli mit Zitrusfrüchten

Für 2 Personen
Zubereitung: 20 Minuten
Quellen: 6 Stunden (über Nacht)

2 EL getrocknete Apfelchips
2 EL Haselnusskerne
50 g kernige Haferflocken
40 g Haferkleieflocken
1 kleiner säuerlicher Apfel (z. B. Boskop)
1 EL Zitronensaft
1 Msp. Zimtpulver
200 ml Milch (3,5 % Fett)
1 Bio-Orange
1 rosa Grapefruit
150 g Naturjoghurt (3,5 % Fett)
1 EL dunkles Mandelmus

Nährwerte pro Portion: 590 kcal, 18 g EW, 24 g F, 66 g KH, 10 g BST, 3,5 g MUFS

+ Am Vortag die Apfelchips fein, die Nüsse grob hacken. Die Haferflocken in einer Schüssel mit Haferkleieflocken, Apfelchips und der Hälfte der Nüsse mischen. Den Apfel waschen, vierteln und entkernen. Das Fruchtfleisch grob reiben, die Apfelraspel mit Zitronensaft und Zimt mischen. Apfelraspel und Milch unter die Flockenmischung rühren und alles abgedeckt im Kühlschrank mindestens 6 Stunden, am besten über Nacht, quellen lassen.

+ Am nächsten Tag die Orange heiß waschen, trocken reiben und von der Schale 1 TL fein abreiben. Dann die Grapefruit und die Orange so sorgfältig schälen, dass auch die weiße Haut mit entfernt wird. Die Grapefruit- und Orangenfilets zwischen den Trennwänden herausschneiden, dabei den abtropfenden Saft auffangen.

+ Den Joghurt, die Orangenschale und 100 ml aufgefangenen Saft unter den Haferflockenbrei rühren. Das Joghurt-Birchermüsli auf zwei Schalen verteilen. Die Grapefruit- und Orangenfilets darauf anrichten, mit dem Mandelmus beträufeln und mit den restlichen gehackten Haselnüssen bestreuen.

Die Ernährungs-Docs

Zitrusfrüchte enthalten viele verschiedene Polyphenole, darunter Flavonoide und Terpene. Das sind ätherische Öle, die antientzündlich wirken und die Bildung und das Wachstum von Krebszellen hemmen sollen. Die wertvollen Pflanzenstoffe sitzen im saftigen Fruchtfleisch und auch in der Schale. Wenn Sie die abgeriebene Schale von Zitronen, Orangen und Limetten zum Würzen einsetzen, sollten Sie unbedingt Biofrüchte verwenden. Diese sind weder gespritzt noch künstlich konserviert oder gewachst.

Overnight-Erdbeermüsli

Für 2 Personen
Zubereitung: 20 Minuten
Quellen: 6 Stunden (über Nacht)

250 g Erdbeeren
300 g veganer Kokosjoghurt
2 TL Zitronensaft
100 g zarte oder kernige Haferflocken
Salz
1 EL Chiasamen
20 g Kokoschips
15 g ungesalzene Pistazienkerne

Nährwerte pro Portion: 510 kcal, 13 g EW, 27 g F, 46 g KH, 12 g BST, 3,3 g MUFS

+ Am Vortag die Erdbeeren waschen, putzen und die Hälfte davon grob in Stücke schneiden. Erdbeerstücke, Kokosjoghurt und Zitronensaft in einen hohen Rührbecher geben und mit dem Stabmixer fein pürieren. Die übrigen Erdbeeren zugedeckt kühl stellen.

+ Den Erdbeerjoghurt in eine Schüssel umfüllen. Die Haferflocken, 1 Prise Salz und Chiasamen dazugeben und gründlich unterrühren. Die Flockenmischung zugedeckt im Kühlschrank mindestens 6 Stunden, am besten über Nacht, quellen lassen.

+ Am nächsten Tag die Kokoschips in einer Pfanne ohne Fett bei mittlerer Hitze goldbraun rösten. Vom Herd nehmen und abkühlen lassen.

+ Die Pistazien grob hacken. Die restlichen Erdbeeren in Scheiben schneiden. Das Overnight-Müsli auf zwei Schalen verteilen. Mit Erdbeerscheiben belegen und mit Kokoschips und Pistazien bestreuen.

Die Ernährungs-Docs

Haferflocken sind ein Vollkornprodukt mit einer sehr guten Nährstoffbilanz. Sie liefern reichlich Mineralstoffe, Vitamine, Proteine und wertvolle Ballaststoffe, die lange satt machen. Besonders der lösliche Ballaststoff Beta-Glukan hat es in sich: Er senkt den Blutzucker- und Cholesterinspiegel, wirkt sich positiv auf die Insulinreaktion aus und fördert die Vermehrung guter Darmbakterien. Zudem unterstützt Beta-Glukan die Tätigkeit spezieller Immunzellen, die Entzündungsherde im Körper eindämmen.

Mandel-Quinoa-Brei mit Nektarine

Für 2 Personen
Zubereitung: 30 Minuten

100 g rote Quinoa
300 ml ungesüßter Mandeldrink
Salz
20 g Kokosraspel
20 g Mandelblättchen
2 reife Nektarinen
1 TL Bourbon-Vanille-Rohrohrzucker
1 EL Kakao-Nibs
½ TL Kakaopulver (schwach entölt)

Nährwerte pro Portion: 450 kcal, 12 g EW, 20 g F, 50 g KH, 10 g BST, 3 g MUFS

+ Die Quinoa in einem Sieb mit heißem Wasser waschen und abtropfen lassen. Mandeldrink, 100 ml Wasser, Quinoa und 1 Prise Salz in einem kleinen Topf mischen und unter Rühren aufkochen. Offen bei schwacher Hitze unter gelegentlichem Rühren etwa 15 Minuten köcheln, anschließend auf der ausgeschalteten Herdplatte zugedeckt etwa 10 Minuten quellen lassen.

+ Inzwischen Kokosraspel und Mandelblättchen zusammen in einer Pfanne ohne Fett bei mittlerer Hitze etwa 5 Minuten goldgelb rösten. Herausnehmen und auf einem Teller abkühlen lassen. Die Nektarinen waschen, halbieren, entsteinen und die Fruchthälften in kleine Würfel schneiden.

+ Den Vanillezucker unter die Quinoa-Mandelmilch-Mischung rühren und diese auf zwei Schalen verteilen. Die Nektarinenwürfel darauf anrichten. Mit dem gerösteten Kokos-Mandel-Mix und den Kakao-Nibs bestreuen und mit dem Kakaopulver bestäuben.

Tipp: Rote Quinoa ist ein besonders aromatisches Pseudogetreide mit mildnussigem Geschmack. Beim Garen bewahrt sie ihre körnige Konsistenz. Mögen Sie es lieber weich und cremig? Dann nehmen Sie weiße Quinoa.

Die Ernährungs-Docs

Dunkle Schokolade mit einem Kakaoanteil von mindestens 70 Prozent können Sie ganz ohne Reue genießen. Neben Blaubeeren gehört dunkle Schokolade zu den besten Lieferanten des Pflanzenstoffs Proanthocyanidin. Dieses Flavonoid neutralisiert freie Radikale und wirkt prophylaktisch gegen Zellmutationen. Zum Anti-Krebs-Stoff wird Kakao auch dank seiner Catechine: In konzentrierter Form haben diese Bitterstoffe aus der Gruppe der Polyphenole in Studien Tumoren am Wachstum gehindert.

Goldene Amarant-Milch-Bowl

Für 2 Personen
Zubereitung: 25 Minuten

40 g getrocknete Aprikosen
300 ml ungesüßter Mandeldrink
100 g Amarantflocken
½ TL Kurkumapulver
¼ TL Zimtpulver
1 Msp. Kardamompulver
Salz
40 g Pekannusskerne
(ersatzweise Walnusskerne)
2 rote Pflaumen
1 kleine Birne (z. B. Gute Luise)
2 TL Zitronensaft

Nährwerte pro Portion: 510 kcal, 14 g EW, 21 g F, 55 g KH, 12 g BST, 13 g MUFS

+ Die Aprikosen in kleine Würfel schneiden. Den Mandeldrink in einem kleinen Topf erhitzen. Die Amarantflocken einrühren und aufkochen lassen. Aprikosen, Kurkuma, Zimt, Kardamom und 1 Prise Salz dazugeben und den Brei bei schwacher Hitze zugedeckt 5 bis 7 Minuten quellen lassen. Falls der Amarantbrei zu stark andickt, noch 50 ml Wasser unterrühren.

+ Währenddessen die Pekannüsse grob hacken und in einer Pfanne ohne Fett bei mittlerer Hitze rösten, bis sie zu duften beginnen. Vom Herd nehmen und auf einem Teller abkühlen lassen.

+ Pflaumen waschen, halbieren, entsteinen und in dünne Spalten schneiden. Die Birne waschen, vierteln, entkernen und quer in Stücke schneiden, sofort mit dem Zitronensaft beträufeln. Den Porridge auf zwei Schalen verteilen. Pflaumenspalten und Birnenstücke darauf anrichten und mit den Nüssen bestreuen.

Tipp: Wer mehr Zeit hat, kann statt der Amarantflocken auch Amarantkörner nehmen: Diese mit 200 ml Mandeldrink und 100 ml Wasser zugedeckt aufkochen und mit leicht geöffnetem Deckel bei schwacher Hitze etwa 30 Minuten garen.

Die Ernährungs-Docs

Amarant ist ein echtes Powerkorn: Das glutenfreie Pseudogetreide liefert sämtliche essenziellen Aminosäuren – also die Aminosäuren, die vom Körper nicht selbst produziert werden und über die Nahrung aufgenommen werden müssen. Zudem haben zahlreiche Studien ergeben, dass Amarant ein probates Mittel zur Bekämpfung von Entzündungen ist. Das enthaltene Peptid Lunasin besitzt krebsvorbeugende Eigenschaften, indem es Entzündungen reduziert, freie Radikale neutralisiert und die Mutation gesunder Zellen zu Krebszellen einschränkt.

Nährstoff-Smoothies

Für mehr Abwehrkräfte, Fitness und Lebensenergie: Pure Smoothies sind so reich an lebensnotwendigen Mikronährstoffen, dass man bereits mit einem Glas den Tagesbedarf decken und einer Unterversorgung vorbeugen kann.

Glucosinolate-Fitness-Smoothie

Für 2 Gläser (à 350 ml): ¼ **Ananas (etwa 300 g)** schälen und das Fruchtfleisch samt Strunk klein schneiden. **80 g Brokkoliröschen, 50 g Romanasalatblätter** und **10 g Rucola** waschen und abtropfen lassen. **10 g Ingwer** schälen und fein würfeln. Die vorbereiteten Zutaten in den Küchenmixer geben. **1 EL Zitronensaft, 20 g Walnusskerne** und **300 ml Wasser** hinzufügen. Alles zunächst auf kleinster, dann auf höchster Stufe feincremig pürieren. Eventuell noch etwas Wasser dazugeben.

Nährwerte pro Glas: 140 kcal,
4 g EW, 7 g F, 13 g KH, 3 g BST, 5,3 g MUFS

Lycopin-Energy-Smoothie

Für 2 Gläser (à 350 ml): **250 g rote Tomaten** waschen und vierteln, dabei die Stielansätze entfernen. Das Fruchtfleisch von ½ **Avocado (etwa 100 g)** mit einem Löffel aus der Schale lösen. **2 dünne Frühlingszwiebeln** putzen, waschen und in grobe Stücke schneiden. **8 Basilikumblätter** waschen. Alles in den Küchenmixer geben. **1 EL Zitronensaft, 2 EL Olivenöl, Salz, Pfeffer aus der Mühle** und **300 ml Wasser** dazugeben. Erst auf kleinster, dann auf höchster Stufe feincremig pürieren.

Nährwerte pro Glas: 180 kcal,
2 g EW, 15 g F, 7 g KH, 4 g BST, 1,7 g MUFS

Anthocyane-Booster-Drink

Für 2 Gläser (à 350 ml): **50 g getrocknete Aroniabeeren** und **1 EL Chiasamen** in **200 ml Wasser** mindestens 2 Stunden, am besten über Nacht, einweichen. **50 g Rotkohlblätter** waschen, von den dicken Mittelrippen befreien und klein schneiden. **100 g Erdbeeren** waschen, putzen und abtropfen lassen. ½ **Banane** schälen und grob in Stücke schneiden. Aroniabeeren und Chiasamen samt Einweichwasser in den Küchenmixer geben. Rotkohl, Erdbeeren, Banane und **300 ml Wasser** hinzufügen. Alles zunächst auf kleinster, dann auf höchster Stufe feincremig pürieren. Eventuell noch etwas Wasser dazugeben.

Nährwerte pro Glas: 140 kcal,
3 g EW, 2 g F, 23 g KH, 9 g BST, 1,7 g MUFS

Flavone-Wachmacher-Shake

Für 2 Gläser (à 350 ml): **2 TL grünen Tee** mit **300 ml heißem Wasser** übergießen, etwa 10 Minuten ziehen lassen, abgießen und abkühlen lassen. **1 Orange** schälen, dabei die weiße Haut nicht entfernen, und klein schneiden. **1 Clementine** schälen und in Spalten teilen. ½ **Bio-Limette** heiß waschen, samt Schale grob schneiden. **50 g Chicoréeblätter** waschen, abtropfen lassen und in Streifen schneiden. **5 g Kurkumawurzel** waschen und in Stücke schneiden. Zitrusfrüchte, Chicorée, Kurkuma und **1 EL natives Kokosöl** in den Küchenmixer geben und den Tee dazugießen. Alles zunächst auf kleinster, dann auf höchster Stufe feincremig pürieren. Eventuell noch etwas Wasser dazugeben.

Nährwerte pro Glas: 140 kcal,
2 g EW, 6 g F, 15 g KH, 5 g BST, 0,5 g MUFS

Tsampa-Gewürzbrei mit Papaya

Für 2 Personen
Zubereitung: 25 Minuten

15 g Ingwer
½ Vanilleschote
¼ l ungesüßter Kokosdrink
¼ l Milch (3,5 % Fett)
Salz
Pfeffer aus der Mühle
40 g Tsampa (geröstetes Gerstenmehl; aus dem Bioladen)
2 EL zarte Haferflocken
2 EL Chiasamen
2 EL Kokosraspel
300 g Papaya
2 TL Limettensaft
1 TL flüssiger Honig
2 EL Granatapfelkerne (frisch oder tiefgekühlt)

Nährwerte pro Portion: 390 kcal, 13 g EW, 16 g F, 43 g KH, 10 g BST, 3,2 g MUFS

+ Den Ingwer schälen und fein reiben. Die Vanilleschote längs aufschneiden und das Mark herausschaben. Kokosdrink und Milch mit Ingwer, Vanilleschote und -mark sowie je 1 Prise Salz und Pfeffer in einem kleinen Topf verrühren und zum Kochen bringen.

+ Tsampa, Haferflocken und Chiasamen mit dem Schneebesen unterrühren. Erneut aufkochen und bei schwacher Hitze unter gelegentlichem Rühren etwa 3 Minuten köcheln, dann zugedeckt auf der ausgeschalteten Herdplatte weitere 5 Minuten quellen lassen.

+ Inzwischen die Kokosraspel in einer Pfanne ohne Fett bei mittlerer Hitze goldbraun rösten. Vom Herd nehmen und auf einem Teller abkühlen lassen.

+ Die Papaya schälen, entkernen und in etwa 1 cm große Würfel schneiden. Sofort mit dem Limettensaft beträufeln. Den Brei vom Herd nehmen, die Vanilleschote entfernen und den Honig unterrühren. Den Brei auf zwei Schalen oder tiefe Teller verteilen. Die Papayawürfel und je 1 EL Granatapfelkerne darauf anrichten und mit den Kokosraspeln bestreuen.

Die Ernährungs-Docs

Papayas liefern Antioxidantien wie Vitamin C, Beta-Carotin und Lycopin, die sich positiv auf unsere Gesundheit auswirken. Sie fungieren als „Radikalfänger" und sind so in der Lage, Zellschäden und daraus resultierenden Krankheiten wie Krebs vorzubeugen. Jüngste Studien haben gezeigt, dass der regelmäßige Verzehr von Papayas während der Krebsbehandlung das Tumorwachstum verlangsamen und bösartige Zellen reduzieren kann.

Warmes Hirsemüsli mit Kirschkompott

Für 2 Personen
Zubereitung: 35 Minuten

100 g Hirse
½ Vanilleschote
½ TL abgeriebene Bio-Orangenschale
375 ml Milch (3,5 % Fett)
150 g tiefgekühlte Sauerkirschen (entsteint)
100 ml ungesüßter Kirschsaft
1 TL brauner Rohrohrzucker (z. B. Muscovado)
1 TL Johannisbrotkernmehl
2 EL Ricotta (mind. 45 % Fett i. Tr.)
100 g Naturjoghurt (3,5 % Fett)
½ TL Zimtpulver

Nährwerte pro Portion: 475 kcal, 17 g EW, 15 g F, 64 g KH, 4 g BST, 1,4 g MUFS

+ Die Hirse in einem Sieb mit heißem Wasser abbrausen und abtropfen lassen. Vanilleschote längs aufschneiden und das Mark herausschaben. Hirse, Vanillemark und -schote mit der Orangenschale und 200 ml Milch in einem kleinen Topf unter Rühren aufkochen. Hirse offen bei schwacher bis mittlerer Hitze etwa 10 Minuten köcheln lassen, dann die restliche Milch einrühren. Die Hirse auf der ausgeschalteten Herdplatte zugedeckt etwa 15 Minuten quellen lassen.

+ Inzwischen die Kirschen antauen lassen. Saft und 50 ml Wasser mit Zucker und Johannisbrotkernmehl in einem kleinen Topf verrühren und aufkochen lassen. Die Kirschen in die kochende Flüssigkeit geben, erneut aufkochen und zugedeckt bei mittlerer Hitze etwa 5 Minuten dünsten.

+ Den Ricotta mit dem Joghurt und dem Zimtpulver gut verrühren. Die Vanilleschote aus dem Hirsebrei entfernen, den Brei auf zwei Schalen verteilen. Das Kirschkompott und die Ricottacreme darauf anrichten und nach Belieben mit Minzeblättern garnieren. Warm servieren.

Die Ernährungs-Docs

Man sieht es ihnen an: Kirschen haben besonders viele rote Farbstoffe, vor allem Anthocyane, die zur Gruppe der Flavonoide gehören. Diese sekundären Pflanzenstoffe gelten als die stärksten Antioxidantien und sind als effektive Zellschützer zum Beispiel gegen Entzündungen, Herz-Kreislauf-Erkrankungen, Alzheimer oder Diabetes wirksam. Außerdem bieten sie einen potenten Krebsschutz, vor allem im Hinblick auf Tumorerkrankungen von Magen, Darm, Brust und Prostata.

Buchweizen-Pancakes mit Clementinen und Mandelcreme

Für 2 Personen
Zubereitung: 30 Minuten

2 EL geschroteter Gold-Leinsamen
1 kleine reife Banane
70 g Buchweizenmehl
30 g Dinkelvollkornmehl
1 gehäufter TL Weinstein-Backpulver
½ TL Zimtpulver
Salz
125 ml ungesüßter Mandeldrink
2 EL natives Kokosöl
2 Clementinen
60 g helles Mandelmus
2 EL Granatapfelkerne (frisch oder tiefgekühlt)

Nährwerte pro Portion: 625 kcal, 14 g EW, 34 g F, 60 g KH, 8 g BST, 6,9 g MUFS

+ Den Leinsamen in einer Schale mit 6 EL heißem Wasser mischen und 10 Minuten quellen lassen.

+ Inzwischen die Banane schälen, in grobe Stücke schneiden und mit einer Gabel fein zerdrücken. Buchweizen- und Dinkelmehl mit Backpulver, Zimt sowie 1 Prise Salz in einer Schüssel mischen. Die Mehlmischung, eingeweichten Leinsamen, Bananenmus und Mandeldrink mit dem Schneebesen zu einem glatten Teig verrühren.

+ In einer großen Pfanne 1 EL Kokosöl erhitzen. Pro Pancake 1 gehäuften EL Teig in die Pfanne geben und etwas flach streichen. Die Küchlein auf jeder Seite bei mittlerer Hitze 3 bis 4 Minuten goldbraun braten. Auf diese Weise aus dem übrigen Teig und dem restlichen Kokosöl insgesamt 10 Pancakes backen.

+ Inzwischen die Clementinen schälen und in Spalten teilen oder in Scheiben schneiden. Das Mandelmus mit 50 ml heißem Wasser glatt rühren. Die Pancakes mit Clementinen und Mandelcreme auf Tellern anrichten und mit je 1 EL Granatapfelkernen bestreuen.

Die Ernährungs-Docs

Weil sie reichlich pflanzliches Eiweiß und ungesättigte Fettsäuren liefern, eignen sich Mandeln perfekt als gesunder Snack. In der Küche leistet Mandelmus gute Dienste, um ein Gericht fix mit Extraproteinen und gesunden Fetten aufzuwerten. Mandeln sind zudem eine gute Quelle für Vitamin E. Dieses Antioxidans macht im Körper nicht nur freie Radikale unschädlich. Es gibt auch Hinweise darauf, dass es vor Herz-Kreislauf-Erkrankungen, Arthritis und Krebs schützen kann.

Strammer Gemüse-Max mit Feta

Für 2 Personen
Zubereitung: 20 Minuten

2 kleine Tomaten (à ca. 60 g)
1 Mini-Salatgurke (ca. 100 g)
½ Bund Schnittlauch
100 g Feta (Schafskäse; mind. 45 % Fett i.Tr.)
4 TL Olivenöl
2 große Scheiben Roggensauerteigbrot (à ca. 75 g)
2 Eier (Größe L)
Salz, Pfeffer aus der Mühle

Nährwerte pro Portion: 550 kcal, 24 g EW, 30 g F, 42 g KH, 8 g BST, 3 g MUFS

+ Die Tomaten waschen und quer in Scheiben schneiden, dabei die Stielansätze entfernen. Gurke putzen, waschen und in etwa ½ cm breite Scheiben schneiden. Schnittlauch waschen, trocken schütteln und in feine Röllchen schneiden. Feta in dünne Streifen schneiden.

+ In einer Pfanne 2 TL Olivenöl erhitzen. Die Brotscheiben darin bei mittlerer bis starker Hitze auf beiden Seiten 4 bis 5 Minuten knusprig braten. Die Brotscheiben herausnehmen und auf zwei Teller oder ein Küchenbrett legen.

+ Das übrige Olivenöl in der Pfanne erhitzen. Die Eier hineinschlagen und bei mittlerer Hitze zu Spiegeleiern braten.

+ Die Brotscheiben mit dem Feta belegen, den Käse dabei etwas andrücken. Die Gurken- und Tomatenscheiben darauf verteilen und die Spiegeleier obendrauf setzen. Mit Salz und Pfeffer würzen und mit Schnittlauch bestreuen.

Die Ernährungs-Docs

Feta ist ein Salzlakenkäse, der auf traditionelle Art aus Schafsmilch hergestellt wird – ohne Konservierungsstoffe oder künstliche Zusätze. Er liefert leicht verdauliche Proteine (16 Gramm pro 100 Gramm) und Mineralstoffe, die für den Aufbau von Muskeln, Knochen und Zähnen wichtig sind. Von seinem hohen Fettgehalt sollte man sich nicht abschrecken lassen. Das Fett enthält eine besonders hohe Konzentration an sogenannten konjugierten Linolsäuren (CLA) – das sind ungesättigte Fettsäuren, die im Körper freie Radikale binden können.

Türkisches Rührei

Für 2 Personen
Zubereitung: 30 Minuten

1 rote Zwiebel
1 Knoblauchzehe
je 1 hellgrüne und gelbe Spitzpaprikaschote
3 EL Olivenöl
1 Dose stückige Tomaten (400 g)
½ TL getrockneter Oregano
½ TL gemahlener Kreuzkümmel
½ 1 TL Pul Biber
(scharfe Paprikaflocken)
Salz, Pfeffer aus der Mühle
4 Stiele Petersilie
4 Eier (Größe M)
2 Scheiben Dinkelvollkornbrot
(à ca. 50 g; Rezept Seite 96)

Nährwerte pro Portion: 570 kcal, 25 g EW, 37 g F, 29 g KH, 12 g BST, 9,6 g MUFS

+ Zwiebel und Knoblauch schälen und in feine Würfel schneiden. Die Paprikaschoten längs halbieren, entkernen, waschen und quer in feine Streifen schneiden.

+ In einem Topf 2 EL Olivenöl erhitzen, Zwiebel und Knoblauch darin bei mittlerer Hitze 2 bis 3 Minuten dünsten. Paprika dazugeben und unter Rühren 2 bis 3 Minuten mitdünsten, die Tomaten einrühren. Mit Oregano, Kreuzkümmel, Pul Biber, Salz und Pfeffer würzen. Die Sauce offen bei schwacher Hitze 12 bis 15 Minuten einkochen lassen.

+ Inzwischen die Petersilie waschen und trocken schütteln, die Blätter abzupfen und grob hacken. Die Eier in einer Schüssel verquirlen und mit Salz und Pfeffer würzen. Das übrige Olivenöl in einer Pfanne erhitzen. Die Eier darin bei schwacher Hitze etwa 5 Minuten langsam stocken lassen, dabei mit einem Holzspatel von außen nach innen zusammenschieben.

+ Die Tomaten-Paprika-Masse noch mal mit Salz und Pfeffer abschmecken. Zum Rührei geben und locker unterheben. Das Rührei auf Tellern anrichten und mit Petersilie bestreuen. Jeweils 1 Scheibe Dinkelvollkornbrot dazu servieren.

Die Ernährungs-Docs

Freispruch für das Frühstücksei: Ein moderater Eierverzehr beeinflusst weder den Cholesterinwert noch die Gefäß- und Herzgesundheit negativ und hat bei Tumorerkrankungen keinen Einfluss auf die Sterblichkeit – das hat eine Studie aus dem Jahr 2018 gezeigt. Eier sind eine hervorragende Eiweiß- und Nährstoffquelle, die Sie sich also mehrmals pro Woche schmecken lassen können. Übrigens: Vollei hat ein ähnliches Aminosäuremuster wie menschliches Protein und gilt deshalb als Referenz (100) bei der Berechnung der sogenannten biologischen Wertigkeit.

Buntes Gemüseomelett mit Hüttenkäse

Für 2 Personen
Zubereitung: 25 Minuten

100 g junge Zucchini
100 g junger Blattspinat
3 Frühlingszwiebeln
125 g Cocktailtomaten
4 Eier (Größe M)
4 EL Sahne
Salz, Pfeffer aus der Mühle
2 EL Olivenöl
100 g körniger Frischkäse

Nährwerte pro Portion: 420 kcal, 24 g EW, 30 g F, 11 g KH, 3 g BST, 3,3 g MUFS

+ Zucchini putzen, waschen und in feine Würfel schneiden. Spinat verlesen, waschen und gut abtropfen lassen. Frühlingszwiebeln putzen und waschen, das Weiße und Hellgrüne schräg in etwa 2 cm lange Stücke, das Dunkelgrüne in dünne Ringe schneiden. Die Tomaten waschen und vierteln. Die Eier mit Sahne, Salz und Pfeffer verquirlen.

+ Backofen auf 100 °C vorheizen. Eine Pfanne (Ø 24 cm) mit ½ EL Olivenöl auspinseln. Die Hälfte der Eiersahne in die Pfanne geben und 2 bis 3 Minuten stocken lassen. Wenden und weitere 2 bis 3 Minuten stocken lassen. Omelett im Ofen warm halten, währenddessen das zweite Omelett mit ½ EL Olivenöl genauso backen und warm halten.

+ Pfanne mit Küchenpapier auswischen. Das übrige Olivenöl darin erhitzen. Zucchini, weiße und hellgrüne Frühlingszwiebeln, Tomaten und Spinat dazugeben und 2 bis 3 Minuten andünsten. Mit Salz und Pfeffer würzen und den Frischkäse locker unterheben. Den Gemüsemix jeweils auf einer Omelettthälfte verteilen, die Omeletts darüberklappen. Mit dunkelgrünen Frühlingszwiebelringen und nach Belieben etwas Basilikum bestreuen. Dazu passt pro Person 1 Scheibe Vollkornbrot (50 g), dann ist das Gericht allerdings nicht mehr Low Carb.

Die Ernährungs-Docs

Spinat hat einen tumorhemmenden Effekt und kann bei regelmäßigem Verzehr besonders bei Darmkrebs präventiv wirken. Eine Schlüsselrolle spielen dabei bestimmte Fettsäuren, insbesondere Abkömmlinge der Linolsäure, die im Spinat reichlich vorkommen. Sie sollen die Zusammensetzung des Mikrobioms positiv verändern und das Wachstum von Darmpolypen verzögern, aus denen sich ein bösartiger Tumor entwickeln kann.

Vormittags-Brotzeit

Raffiniert belegt und schnell gemacht: Unsere kernigen Fitmacherschnitten liefern reichlich Power und bringen Sie mit hochwertigem Eiweiß und guten Kohlenhydraten weit nach vorne. Statt Vollkornbrot können Sie auch Hafer- oder Roggenbrot belegen.

Schnitte mit Paprika-Obatztem

Für 2 Personen: **50 g weichen Camembert (45 % Fett i.Tr.)** in Stücke schneiden, mit einer Gabel fein zerdrücken. **50 g Frischkäse (mind. 20 % Fett i.Tr.)** sowie **je ½ TL edelsüßes** und **rosenscharfes Paprikapulver** untermischen. **2 rote Snack-Paprikaschoten** halbieren, entkernen, waschen und klein würfeln, mit **2 EL Schnittlauchröllchen** unter den Obatzten heben und auf **2 Scheiben Dinkelvollkornbrot (à 50 g;** Rezept Seite 96) streichen. **4 Radieschen** putzen, waschen und in Scheiben schneiden, die Brote damit garnieren.

Nährwerte pro Portion: 325 kcal,
17 g EW, 17 g F, 21 g KH, 9 g BST, 6,4 g MUFS

Kräuter-Käse-Brot

Für 2 Personen: **40 g Bergkäse (am Stück; 45 % Fett i.Tr.)** reiben. **¼ Bund Petersilie** und **3 Stiele Dill** waschen, trocken schütteln, die Blätter bzw. Spitzen abzupfen und hacken. Käse und Kräuter mit **1 EL körnigem Frischkäse (mind. 20 % Fett i.Tr.)** und **1 EL Rapsöl** mischen, mit **Salz** und **Pfeffer aus der Mühle** würzen. Auf **2 Scheiben Dinkelvollkornbrot (à 50 g;** Rezept Seite 96) streichen. **½ Mini-Salatgurke** waschen, putzen und in dünne Scheiben schneiden, auf den Broten anrichten.

Nährwerte pro Portion: 350 kcal,
16 g EW, 21 g F, 19 g KH, 8 g BST, 7,4 g MUFS

Tomaten-Puten-Stulle

Für 2 Personen: **20 g Rucola** verlesen, waschen und trocken schleudern. Das Fruchtfleisch von **½ Avocado** aus der Schale lösen und in Scheiben schneiden. **2 kleine Tomaten** waschen und in Scheiben schneiden. **2 EL Crème fraîche** mit **1 TL körnigem Senf** verrühren und zwei Drittel davon auf **2 Scheiben Dinkelvollkornbrot (à 50 g;** Rezept Seite 96) streichen. Mit Rucola, Avocado- und Tomatenscheiben sowie **50 g Putenbrustaufschnitt** belegen. Mit **Salz** und **Pfeffer aus der Mühle** würzen, mit übriger Senfcreme garnieren.

Nährwerte pro Portion: 360 kcal,
16 g EW, 21 g F, 23 g KH, 10 g BST, 6,9 g MUFS

Erdbeer-Ziegenkäse-Bruschetta

Für 2 Personen: **125 g Erdbeeren** waschen, putzen und achteln. **1 kleinen Zweig Rosmarin** waschen, trocken tupfen, dritteln und mit den Beeren vermengen. **1 EL Pinienkerne** in einer Pfanne ohne Fett rösten, abkühlen lassen. **2 Scheiben Dinkelvollkornbrot (à 50 g;** Rezept Seite 96) jeweils halbieren und im Toaster rösten. Brote mit **100 g Ziegenfrischkäse (mind. 42 % Fett i.Tr.)** bestreichen, mit **Pfeffer aus der Mühle** würzen. Rosmarin entfernen. Die Erdbeeren auf den Broten verteilen, mit **2 TL Aceto balsamico** beträufeln und mit den Pinienkernen bestreuen.

Nährwerte pro Portion: 350 kcal,
14 g EW, 19 g F, 25 g KH, 10 g BST, 7,5 g MUFS

Kerniges Dinkelvollkornbrot

Für 1 Brot (ca. 1 kg;
20 Scheiben)
Zubereitung: 25 Minuten
Gehen: 90 Minuten
Backen: 45–50 Minuten

60 g Walnusskerne
500 g Dinkelvollkornmehl
Salz
40 g Sonnenblumenkerne
25 g geschroteter Leinsamen
25 g Chiasamen
1 Würfel Hefe (ca. 42 g)
1 TL Ahornsirup
2 EL Olivenöl
2 EL Apfelessig
Öl für die Form
Dinkelmehl zum Arbeiten

Nährwerte pro Scheibe (ca. 50 g):
210 kcal, 8 g EW, 10 g F, 18 g KH,
8 g BST, 6 g MUFS

+ Die Walnüsse grob hacken. Mit Dinkelmehl, 1 ½ TL Salz, 25 g Sonnenblumenkernen, Lein- und Chiasamen in einer Schüssel mischen. In die Mitte eine Mulde drücken und die Hefe hineinbröckeln. Mit 50 ml lauwarmem Wasser, Ahornsirup und etwas Mehl vom Rand so lange verrühren, bis sich die Hefe aufgelöst hat. Den Vorteig an einem warmen Ort zugedeckt etwa 15 Minuten gehen lassen.

+ Olivenöl, Essig und ¼ l lauwarmes Wasser dazugeben und mit den Knethaken des Handrührgeräts oder der Küchenmaschine zu einem glatten Teig verarbeiten. Zugedeckt etwa 45 Minuten gehen lassen.

+ Eine Kastenform (etwa 25 cm Länge) mit Öl einfetten. Den Teig auf der leicht bemehlten Arbeitsfläche nochmals kräftig durchkneten, in die Form geben und glatt streichen. Den Teig nochmals zugedeckt 30 Minuten an einem warmen Ort gehen lassen.

+ Backofen auf 190 °C vorheizen. Den Teig mit etwas Wasser bestreichen und mit den übrigen Sonnenblumenkernen bestreuen. Im Ofen auf der mittleren Schiene 45 bis 50 Minuten backen. Die Form aus dem Ofen nehmen. Das Brot 10 Minuten abkühlen lassen, aus der Form stürzen und auf einem Kuchengitter auskühlen lassen.

Die Ernährungs-Docs

Dinkel in der Vollkornvariante ist reich an Ballaststoffen, die unverzichtbar für unsere Gesundheit sind. Sie wirken günstig auf Blutfette und Cholesterinspiegel und lassen den Blutzuckerspiegel nach dem Essen nur langsam ansteigen. Außerdem binden Ballaststoffe im Darm Wasser und absorbieren Abfallprodukte aus der Nahrung, die dann mit dem Stuhl ausgeschieden werden. Dadurch wird der Kontakt zwischen Darmwand und möglichen Allergenen oder Karzinogenen verringert.

Cashew-Kräuter-„Käse“

Für ca. 200 g
Zubereitung: 15 Minuten
Einweichen: 4 Stunden
(über Nacht)

100 g Cashewkerne
50 ml ungesüßter Cashew- oder Sojadrink
1 EL Weißweinessig
1 TL Hefeflocken
½ TL Kräuter der Provence
¼ TL edelsüßes Paprikapulver
Salz, Pfeffer aus der Mühle
3 Stiele Petersilie

Nährwerte pro EL (ca. 25 g): 90 kcal, 4 g EW, 7 g F, 4 g KH, 1 g BST, 1,3 g MUFS

+ Am Vortag die Cashewkerne in eine Schüssel mit 125 ml kaltem Wasser geben und zugedeckt mindestens 4 Stunden, am besten über Nacht, einweichen. Anschließend in ein Sieb abgießen, kalt abbrausen und abtropfen lassen.

+ Die Cashewkerne mit Cashew- oder Sojadrink in einem hohen Rührbecher mit dem Stabmixer zu einer feinen, cremigen Masse pürieren. Essig, Hefeflocken, Kräuter und Paprikapulver unterrühren, mit Salz und Pfeffer kräftig würzen.

+ Petersilie waschen und trocken schütteln, die Blätter abzupfen, fein hacken und unter den Cashew-„Käse“ mischen. Den Aufstrich in ein sauberes Schraubglas füllen, so hält er sich im Kühlschrank etwa 1 Woche. Mit Vollkornbrot oder -brötchen servieren.

Tipp: Mixen Sie unter das Cashewpüree zusätzlich noch 50 ml Wasser. So wird aus dem Brotaufstrich ein geschmeidiger Dip, der hervorragend zu Gemüse, Kartoffeln oder Pasta passt.

Indische Linsencreme

Für ca. 300 g
Zubereitung: 30 Minuten

1 Stange Staudensellerie (ca. 40 g)
50 g Lauch
10 g Ingwer
1 Knoblauchzehe
2 EL Olivenöl
½ TL Currypulver
2 Msp. Chilipulver
100 g rote Linsen
¼ l Gemüsebrühe
1–2 EL Zitronensaft
Salz

Nährwerte pro EL (ca. 30 g):
60 kcal, 3 g EW, 3 g F, 5 g KH, 2 g BST, 0,5 g MUFS

+ Sellerie und Lauch putzen, waschen und in kleine Würfel schneiden. Ingwer und Knoblauch schälen und in sehr feine Würfel schneiden. Das Olivenöl in einem Topf erhitzen, die vorbereiteten Zutaten darin bei mittlerer Hitze 2 bis 3 Minuten andünsten. Mit Curry- und Chilipulver bestäuben.

+ Die Linsen in einem Sieb kalt abbrausen und gut abtropfen lassen, zum Gemüsemix geben und etwa 1 Minute anbraten.

+ Mit der Brühe ablöschen und bei schwacher bis mittlerer Hitze 10 bis 12 Minuten offen köcheln lassen, bis die Flüssigkeit fast vollständig aufgesogen ist.

+ Linsenmasse leicht abkühlen lassen, dann in einem hohen Rührbecher mit dem Stabmixer fein pürieren, mit Zitronensaft und Salz abschmecken. In einem Schraubglas hält sich die Linsencreme im Kühlschrank etwa 1 Woche. Sie passt als Aufstrich zu Vollkornbrot oder -brötchen und als Dip wunderbar zu Gemüse oder Geflügel.

Buchweizen-Möhren-Brot

Für 1 Brot (ca. 1,2 kg;
16 Scheiben)
Zubereitung: 25 Minuten
Gehen/Ruhen: 90 Minuten
Backen: 45 Minuten

50 g Leinsamen
250 g Buchweizenmehl
250 g Dinkelvollkornmehl
150 g Dinkelmehl (Type 630)
Salz
1 TL Korianderpulver
½ TL gemahlener Kümmel
¼ TL frisch geriebene Muskatnuss
½ Würfel Hefe (ca. 21 g)
150 g Naturjoghurt (3,5 % Fett)
1 Päckchen flüssiger Natursauerteig (75 g)
200 g Möhren
Mehl zum Arbeiten

Nährwerte pro Scheibe (ca. 75 g): 190 kcal, 7 g EW, 3 g F, 31 g KH, 4 g BST, 1,3 g MUFS

+ Den Leinsamen in lauwarmem Wasser einweichen. Alle drei Mehlsorten mit 2 TL Salz und den Gewürzen in einer Schüssel mischen. Hefe zerbröseln, mit 150 ml lauwarmem Wasser, Joghurt und Sauerteig verrühren und zur Mehlmischung geben. Alles mit den Knethaken des Handrührgeräts oder der Küchenmaschine zu einem glatten Teig verkneten. Den Teig zugedeckt an einem warmen Ort etwa 1 Stunde gehen lassen.

+ Möhren putzen, schälen und auf der Gemüsereibe fein raspeln. Leinsamen in einem Sieb abtropfen lassen. Den Teig auf der leicht bemehlten Arbeitsfläche noch mal durchkneten, dabei Möhren und Leinsamen kräftig unterarbeiten. Den Teig zu einem runden Laib formen und eventuell in ein Gärkörbchen legen, weitere 30 Minuten an einem warmen Ort gehen lassen.

+ Backofen auf 200 °C vorheizen. Den Teig auf ein mit Backpapier belegtes Backblech stürzen oder legen und mit einem Messer mehrmals einritzen. Im Ofen auf der mittleren Schiene etwa 45 Minuten backen, dabei ein ofenfestes Gefäß mit Wasser auf den Ofenboden stellen. Klopftest machen: Klingt das Brot hohl, wenn man mit den Fingerkuppen auf die Unterseite klopft, ist es fertig. Brot herausnehmen und auf einem Kuchengitter vollständig auskühlen lassen.

Die Ernährungs-Docs

Buchweizen ist ein nährstoffreiches, glutenfreies Pseudogetreide, das auch bei empfindlichem Magen, etwa während einer Chemotherapie, gut verträglich ist. Es enthält große Mengen an Rutin, ein Antioxidans aus der Gruppe der Flavonoide, das sich gegen freie Radikale richtet und positiv auf die Gefäße auswirkt: Rutin senkt das LDL-Cholesterin im Blut, erhält die Elastizität der Gefäßwände, verhindert die Bildung von Blutgerinnseln und Entzündungen und verbessert die Durchblutung.

Haferflocken-Quark-Brötchen

Für 8 Stück
Zubereitung: 25 Minuten
Backen: 25 Minuten

270 g kernige Haferflocken
1 Päckchen Weinstein-Backpulver
1 EL geschroteter Leinsamen
1 EL Sonnenblumenkerne
Salz
250 g Magerquark
2 EL Rapsöl
2 Eier (Größe M)
2 EL ungesüßter Haferdrink
Mehl zum Arbeiten

Nährwerte pro Stück (ca. 75 g):
220 kcal, 11 g EW, 8 g F, 24 g KH, 4 g BST, 2,2 g MUFS

+ Von den Haferflocken 2 EL abnehmen und beiseitestellen. Die übrigen Haferflocken im Blitzhacker portionsweise zu Mehl mahlen. Das Hafermehl in einer Schüssel mit Backpulver, Leinsamen, Sonnenblumenkernen und 1 TL Salz mischen.

+ Den Backofen auf 180 °C vorheizen. Quark, Öl und Eier in einer Schüssel glatt rühren, zur Mehlmischung geben und alles mit den Quirlen des Handrührgeräts zu einem glatten Teig verarbeiten. Anschließend den Teig auf der leicht bemehlten Arbeitsfläche von Hand verkneten – er ist eher klebrig, sollte sich aber gut formen lassen.

+ Ein Backblech mit Backpapier belegen. Den Teig in 8 gleich große Stücke teilen, jede Portion mit angefeuchteten Händen zu einem Brötchen formen und auf das Blech setzen. Die Teigrohlinge mit Haferdrink bestreichen, einmal der Länge nach einschneiden und mit den übrigen Haferflocken bestreuen.

+ Die Brötchen im Ofen auf der mittleren Schiene etwa 25 Minuten goldbraun backen. Aus dem Ofen nehmen und auf einem Kuchengitter vollständig auskühlen lassen.

Die Ernährungs-Docs

Je fettärmer der Quark, desto mehr Proteine enthält er: Magerquark liegt mit einem Eiweißanteil von 13,5 Gramm pro 100 Gramm ganz vorne. Krebsbetroffene sollten eine hohe Proteinaufnahme anstreben, weil der Körper bei einer Unterversorgung selbst Eiweiß bereitstellt, indem er Proteine aus der Muskulatur abbaut. Dies kann zum Verlust von Muskelkraft und zu Schwäche führen. Zudem haben Studien gezeigt, dass die Nebenwirkungen einer Krebstherapie ausgeprägter sind, wenn die Patienten über weniger Muskelmasse verfügen.

Gurken-Ei-Aufstrich

Für ca. 360 g
Zubereitung: 20 Minuten

2 Eier (Größe M)
1 Mini-Salatgurke
100 g körniger Frischkäse (mind. 20 % Fett i.Tr.)
2 EL saure Sahne (10 % Fett)
2 TL körniger Senf
1 TL Zitronensaft
Salz, Pfeffer aus der Mühle
edelsüßes Paprikapulver
4 Stiele Dill

Nährwerte pro EL (ca. 40 g):
44 kcal, 3 g EW, 3 g F, 1 g KH, 0,2 g BST, 0,3 g MUFS

+ Die Eier anstechen und etwa 10 Minuten hart kochen, abschrecken und abkühlen lassen. Inzwischen die Gurke putzen, waschen und in etwa ½ cm große Würfel schneiden. Die Eier pellen und ebenfalls in kleine Würfel schneiden.

+ Frischkäse, saure Sahne, Senf und Zitronensaft verrühren. Mit Salz, Pfeffer und 2 Prisen Paprikapulver abschmecken. Dill waschen und trocken schütteln, die Spitzen abzupfen und unter die Frischkäsecreme rühren. Dann die Gurken- und Eierwürfel unterheben. Den Aufstrich zu Vollkornbrot oder -brötchen servieren. Er hält sich im Kühlschrank 1 bis 2 Tage.

Tipp: Der Aufstrich schmeckt auch gut zu Bratkartoffeln, Kartoffelpuffern oder Pellkartoffeln. Die Kombination von Ei und Kartoffeln ist optimal, weil sie die biologische Wertigkeit erhöht (siehe Tipp Seite 90). Je ähnlicher das Eiweiß im Lebensmittel dem Körpereiweiß ist, desto höher ist die Wertigkeit.

Avocado-Tomaten-Skyr

Für ca. 320 g
Zubereitung: 15 Minuten

½ Bio-Zitrone
1 kleine reife Avocado
100 g Skyr natur
(max. 0,5 % Fett)
125 g rote und gelbe Cocktailtomaten
Salz, Pfeffer aus der Mühle
1 Msp. Cayennepfeffer

Nährwerte pro EL (ca. 40 g):
60 kcal, 6 g EW, 2 g F, 3 g KH,
1 g BST, 0,3 g MUFS

+ Die Zitrone heiß waschen, trocken reiben, die Schale fein abreiben und den Saft auspressen. Die Avocado halbieren und den Kern entfernen, das Fruchtfleisch mit einem Löffel aus der Schale lösen und in einen hohen Rührbecher geben. Zitronensaft und -schale sowie Skyr dazugeben und alles mit dem Stabmixer glatt pürieren.

+ Tomaten waschen, vierteln und unter den Avocado-Skyr heben. Den Aufstrich mit Salz, Pfeffer und Cayennepfeffer abschmecken. Dazu passen Vollkornbrot oder -brötchen, aber auch Ofenkartoffeln. Der Aufstrich hält sich im Kühlschrank 1 bis 2 Tage.

Tipp: Gehaltvoller wird der Avocadoaufstrich, wenn Sie ihn statt mit Skyr mit Frischkäse, Schmand oder Crème fraîche zubereiten.

MITTAGESSEN

Höchste Zeit, die Energiereserven aufzuladen? Dann suchen Sie sich schnell was aus! Sie haben Salate, Gemüse, Fisch und Geflügel zur Auswahl – mit viel Eiweiß und gutem Fett, dazu eine kleine Portion komplexe Kohlenhydrate aus Grünkern, Vollkornpasta und Co.: So bleiben Sie lange satt und fallen nachmittags nicht ins Leistungstief.

Taboulé mit Grillgemüse

Für 2 Personen
Zubereitung: 45 Minuten

100 g helle Quinoa
200 ml Gemüsebrühe
1 große Tomate
1 kleine rote Zwiebel
2 EL Zitronensaft
Salz, Pfeffer aus der Mühle
¼ TL Pul Biber
(scharfe Paprikaflocken)
3 EL Olivenöl
1 Bund Petersilie
4 Stiele Minze
je 1 kleine rote und gelbe
Paprikaschote
1 kleine Zucchini (ca. 125 g)
1 TL getrockneter Thymian
100 g Feta (Schafskäse;
mind. 45 % Fett i.Tr.)

Nährwerte pro Portion: 560 kcal, 18 g EW, 33 g F, 42 g KH, 9 g BST, 4,6 g MUFS

+ Die Quinoa in einem Sieb kalt abbrausen, abtropfen lassen und in einem Topf mit der Brühe aufkochen. Zugedeckt bei schwacher Hitze etwa 15 Minuten garen, danach auf der ausgeschalteten Herdplatte etwa 10 Minuten ausquellen und offen lauwarm auskühlen lassen.

+ Inzwischen die Tomate waschen und halbieren, dabei den Stielansatz entfernen. Tomate in kleine Würfel schneiden. Die Zwiebel schälen und in feine Würfel schneiden. In einer Schüssel Zitronensaft, Salz, Pfeffer und Pul Biber mit 2 EL Olivenöl verrühren. Quinoa, Tomaten- und Zwiebelwürfel untermischen. Die Kräuter waschen und trocken schütteln, die Blätter abzupfen, fein hacken und unterheben.

+ Paprikaschoten längs halbieren, entkernen, waschen und in etwa 2 cm große Stücke schneiden. Zucchini putzen, waschen, längs halbieren und in Scheiben schneiden.

+ Eine Grillpfanne oder schwere Pfanne mit dem übrigen Olivenöl auspinseln und erhitzen. Das Gemüse darin bei starker Hitze unter gelegentlichem Rühren 5 bis 7 Minuten braten, mit Salz, Pfeffer und Thymian würzen. Etwas abkühlen lassen, danach unter das Taboulé mischen. Mit zerbröckeltem Feta bestreuen.

Die Ernährungs-Docs

Quinoa punktet mit reichlich Eisen, gesunden Fetten und einem hohen Gehalt an Bitterstoffen. Außerdem ist das glutenfreie Inkakorn eine Top-Proteinquelle. Es liefert alle neun essenziellen Aminosäuren, auch Lysin. Diese Aminosäure hilft nachweislich bei und gegen Krebs. Der Grund: Krebsgeschwüre und Metastasen können sich ausbreiten, indem sie Enzyme bilden, die das Bindegewebe auflösen. Lysin hindert die Enzyme daran, das Gewebe anzugreifen, und sorgt auch dafür, dass zerstörtes Gewebe wieder repariert wird.

Spargelsalat mit Erdbeeren

Für 2 Personen
Zubereitung: 30 Minuten

100 g Zartdinkel
(z. B. Dinkel wie Reis)
Salz
250 g grüner Spargel
100 g Zuckerschoten
4 EL Olivenöl
2 EL Balsamico bianco
75 ml Gemüsebrühe
Pfeffer aus der Mühle
120 g Mini-Mozzarellakugeln
(mind. 45 % Fett i.Tr.)
2 Frühlingszwiebeln
50 g Rucola
100 g Erdbeeren

Nährwerte pro Portion: 650 kcal, 25 g EW, 35 g F, 51 g KH, 12 g BST, 3 g MUFS

+ Den Dinkel in reichlich kochendem Salzwasser nach Packungsanweisung etwa 20 Minuten garen. Abgießen, mit kaltem Wasser abbrausen und gut abtropfen lassen.

+ Inzwischen den Spargel waschen und im unteren Drittel schälen, die holzigen Enden abschneiden. Spargel schräg in etwa 4 cm breite Stücke schneiden. Zuckerschoten putzen, waschen und schräg halbieren. Das Olivenöl in einer Pfanne erhitzen, den Spargel darin unter Wenden bei mittlerer bis starker Hitze etwa 5 Minuten braten. Zuckerschoten dazugeben und 1 bis 2 Minuten mitbraten.

+ Gemüse mit Essig und Brühe ablöschen, mit Salz und Pfeffer würzen und vom Herd nehmen. In einer großen Schüssel den Dinkel noch warm mit dem Spargel-Zuckerschoten-Mix samt Marinade mischen und etwa 10 Minuten ziehen lassen.

+ Mozzarella abtropfen lassen und halbieren. Frühlingszwiebeln putzen und waschen, das Weiße und Hellgrüne in feine Ringe schneiden. Rucola verlesen, waschen und trocken schütteln, grobe Stiele entfernen. Erdbeeren waschen, putzen und vierteln. Alles vorsichtig unter den Salat heben. Den Spargelsalat auf Tellern anrichten.

Die Ernährungs-Docs

Erdbeeren gehören zum Gesündesten, was der Sommer zu bieten hat. Dank reichlich Folsäure, Vitamin C und anderen Antioxidantien sind die Früchtchen super fürs Immunsystem. Außerdem verfügen sie über einen hohen Anteil an sekundären Pflanzenstoffen, die blutdrucksenkend und entzündungshemmend wirken. Wahre Gesundpakete sind Erdbeeren auch dank der enthaltenen Ellagsäure, die krebserregende Stoffe im Körper unschädlich machen und die Entstehung neuer Krebszellen hemmen kann.

Orientalischer Gewürz-Hirsesalat

Für 2 Personen
Zubereitung: 40 Minuten

100 g Hirse
5 EL Olivenöl
½ TL gemahlener Kreuzkümmel
¼ TL Kurkumapulver
200 ml Gemüsebrühe
120 g Kichererbsen (aus der Dose)
½ Salatgurke (ca. 200 g)
2 Frühlingszwiebeln
100 g Rote Bete (vorgegart und vakuumiert)
½ Bund Petersilie
½ Bund Dill
2 EL Zitronensaft
4 EL Orangensaft
Salz, Pfeffer aus der Mühle
150 g Naturjoghurt (3,5 % Fett)
1 TL Harissapaste (aus dem Glas)

Nährwerte pro Portion: 665 kcal, 16 g EW, 34 g F, 67 g KH, 11 g BST, 5,5 g MUFS

+ Die Hirse in einem Sieb kalt abbrausen und gut abtropfen lassen. In einem Topf 1 EL Olivenöl erhitzen, Hirse, Kreuzkümmel und Kurkuma darin etwa 1 Minute andünsten. Brühe angießen und aufkochen. Die Hirse zugedeckt bei schwacher Hitze etwa 15 Minuten quellen lassen, dann vom Herd nehmen und offen abkühlen lassen.

+ Die Kichererbsen in ein Sieb abgießen, kalt abbrausen und abtropfen lassen. Die Gurke putzen, waschen, streifig schälen, längs halbieren oder vierteln und quer in ½ cm breite Scheiben schneiden. Die Frühlingszwiebeln putzen, waschen und in feine Ringe schneiden. Die Rote Bete in etwa 1 cm große Würfel schneiden.

+ Für das Dressing Petersilie und Dill waschen, trocken schütteln und die Blätter bzw. Spitzen abzupfen. Mit dem Zitronen- und Orangensaft, Salz, Pfeffer und dem übrigen Olivenöl in einen hohen Rührbecher geben und mit dem Stabmixer fein pürieren.

+ Die Hirse mit einer Gabel auflockern und noch lauwarm mit dem Kräuterdressing mischen. Kichererbsen, Gurken, Frühlingszwiebeln und Rote Bete unterheben. Joghurt mit Harissa verrühren. Den Salat mit Salz und Pfeffer würzen und mit dem Harissa-Joghurt anrichten.

Die Ernährungs-Docs

Hirse ist eine hervorragende Eisenquelle und kann so einen wichtigen Beitrag zur Blutbildung leisten. Zudem hilft Eisen beim Sauerstofftransport, bei der Energiegewinnung und bei der Zellteilung. Auch bei chronischer Müdigkeit ist eine ausreichende Eisenversorgung wichtig. Damit das in der Hirse enthaltene Eisen vom Körper besser verwertet werden kann, sollte Vitamin-C-Reiches dazu verzehrt werden – wie hier Zitrussäfte und Petersilie.

Porridge-Buddha-Bowl mit Avocado

Für 2 Personen
Zubereitung: 35 Minuten

1 Zwiebel
5 EL Olivenöl
100 g zarte Haferflocken
300 ml Gemüsebrühe
125 g Radieschen
2 EL Weißweinessig
Salz, Pfeffer aus der Mühle
200 g gelbe und rote Cocktailtomaten
60 g Baby-Blattspinat
1 kleine Avocado
1 Handvoll Radieschensprossen
2 EL Sojasauce
1 TL Ahornsirup
150 g Sojajoghurt

Nährwerte pro Portion: 610 kcal, 14 g EW, 40 g F, 42 g KH, 12 g BST, 6,8 g MUFS

+ Zwiebel schälen, in feine Würfel schneiden und in 2 EL Olivenöl in einem Topf bei mittlerer Hitze glasig dünsten. Haferflocken dazugeben und unter Rühren kurz mitdünsten. Brühe angießen, aufkochen und bei schwacher Hitze offen 2 Minuten köcheln, dann auf der ausgeschalteten Herdplatte zugedeckt etwa 10 Minuten quellen lassen.

+ Die Radieschen putzen, waschen und in feine Scheiben schneiden. In einer Schüssel mit dem Essig, Salz und Pfeffer mischen und 5 Minuten ziehen lassen. Tomaten waschen und vierteln. Den Spinat verlesen, waschen und trocken schleudern. Die Avocado halbieren und den Kern entfernen, das Fruchtfleisch mit einem Löffel aus der Schale lösen und quer in dünne Scheiben schneiden. Die Sprossen in einem Sieb abbrausen und abtropfen lassen.

+ Radieschen abtropfen lassen, Marinade auffangen und mit Sojasauce, Ahornsirup, Pfeffer und übrigem Olivenöl verrühren. Porridge mit einer Gabel auflockern und auf zwei Schalen verteilen. Gemüse in Grüppchen darauf anrichten. Jeweils eine Avocadohälfte fächerartig darauflegen, mit Salz und Pfeffer würzen. Mit Sprossen bestreuen. Den Joghurt danebenklecksen, die Bowl mit dem Dressing beträufeln.

Die Ernährungs-Docs

Die fett- und kalorienreiche Avocado sättigt gut und steckt voller gesunder Nährstoffe. Besonders herauszustellen ist ihr hoher Gehalt an ungesättigten Fettsäuren, vor allem Ölsäure. Diese bekämpft Entzündungen im Körper und wirkt sich positiv auf die Herzgesundheit aus. Außerdem sind Avocados eine gute Quelle für Ballaststoffe (7 Gramm pro 100 Gramm) und könnten auch bei der Prävention von einigen Krebsarten hilfreich sein.

Eiweiß-Drinks

Ob als Zwischenmahlzeit, als schneller Energiespender für unterwegs oder abends vor dem Zubettgehen: Diese vitalstoffreichen Smoothies mit Eiweißplus sind perfekt, um einen erhöhten Bedarf an Proteinen zusätzlich zu den Mahlzeiten abzudecken.

Aprikosen-Mandel-Shake

Für 2 Gläser (à 350 ml): **150 g Aprikosen** waschen, halbieren und entsteinen, die Hälften grob schneiden. **1 große Möhre (etwa 100 g)** putzen, schälen und in kleine Stücke schneiden. Aprikosen- und Möhrenstücke mit **2 EL Mandelmus, 250 g Magerquark** und **300 ml ungesüßtem Mandeldrink** in den Küchenmixer geben und alles feincremig pürieren.

Nährwerte pro Glas: 340 kcal, 20 g EW, 19 g F, 18 g KH, 3 g BST, 3,3 g MUFS

Gemüse-Protein-Smoothie

Für 2 Gläser (à 350 ml): **1 Orange** schälen, klein schneiden und in den Mixer geben. **1 kleine rote Paprikaschote (etwa 150 g)** halbieren, entkernen, waschen und klein schneiden. **200 g Cocktailtomaten** waschen und halbieren. Paprika und Tomaten mit **2 EL zarten Haferflocken, 300 g Skyr natur (max. 0,5 % Fett), 2 TL Apfelessig, 2 EL Olivenöl, Salz, Pfeffer aus der Mühle** und **¼ TL Pul Biber** im Küchenmixer pürieren.

Nährwerte pro Glas: 310 kcal, 21 g EW, 12 g F, 25 g KH, 6 g BST, 1,4 g MUFS

Beeren-Power-Drink

Für 2 Gläser (à 350 ml): **150 g tiefgekühlte Beerenobstmischung** in den Küchenmixer geben und etwa 10 Minuten antauen lassen. **150 g Rote Bete** putzen, schälen und in kleine Stücke schneiden (oder 100 g vorgegarte vakuumierte Rote Bete). **1 Mini-Salatgurke** putzen, waschen und grob in Stücke schneiden. **20 g Ingwer** schälen und fein reiben. Rote Bete, Gurke und Ingwer mit **300 g körnigem Frischkäse (mind. 20% Fett i.Tr.), 1 EL ungeschälten Hanfsamen** und **100 ml Wasser** in den Mixer geben und feincremig pürieren.

Nährwerte pro Glas: 250 kcal,
22 g EW, 9 g F, 17 g KH, 4 g BST, 2,3 g MUFS

Erbsen-Apfel-Creamy

Für 2 Gläser (à 450 ml): **150 g tiefgekühlte Erbsen** in den Küchenmixer geben und etwa 10 Minuten antauen lassen. Inzwischen **1 kleinen grünen Apfel (etwa 150 g)** waschen, vierteln, entkernen und in Stücke schneiden. **½ Limette** auspressen. **12 Minzeblätter** waschen. Apfelstücke, Limettensaft, Minze, **2 EL Cashewkerne, 250 g Seidentofu** (aus dem Bioladen oder Reformhaus), **250 ml ungesüßten Sojadrink** und **2 Msp. Currypulver** zu den Erbsen in den Mixer geben und feincremig pürieren. Nach Belieben noch etwas Wasser dazugeben und alles erneut kurz mixen.

Nährwerte pro Glas: 290 kcal,
20 g EW, 10 g F, 26 g KH, 8 g BST, 4,2 g MUFS

Blumenkohl-Bratlinge mit Tomatensalat

Für 2 Personen
Zubereitung: 50 Minuten
Quellen: 30 Minuten

300 g Blumenkohl
100 g zarte Haferflocken
2 Eier (Größe M)
Salz, Pfeffer aus der Mühle
60 g Emmentaler (am Stück; mind. 45 % Fett i.Tr.)
5 EL Olivenöl
300 g rote und gelbe Cocktailtomaten
1 Mini-Romanasalat
3 Stiele Basilikum
1 EL Weißweinessig
1 EL Balsamico bianco
100 g körniger Frischkäse (mind. 20 % Fett i.Tr.)

Nährwerte pro Portion: 730 kcal, 33 g EW, 46 g F, 41 g KH, 10 g BST, 5 g MUFS

+ Den Blumenkohl putzen, waschen, in Röschen teilen und im Blitzhacker portionsweise auf Reiskorngröße zerkleinern. Blumenkohlbrösel in einer Schüssel mit Haferflocken und Eiern gründlich mischen, mit Salz und Pfeffer würzen und etwa 30 Minuten quellen lassen.

+ Den Käse fein reiben und unter die Blumenkohlmasse rühren. Aus der Masse 6 kleine oder 4 große Bratlinge formen. In einer Pfanne 4 EL Olivenöl erhitzen und die Bratlinge darin bei mittlerer Hitze auf jeder Seite etwa 10 Minuten goldgelb braten.

+ Die Tomaten waschen und vierteln. Den Salat verlesen, waschen, trocken schleudern und in mundgerechte Stücke zupfen. Basilikum waschen, trocken schütteln und die Blätter abzupfen.

+ Beide Essigsorten, Salz, Pfeffer und übriges Olivenöl verrühren. Tomaten, Salat und Basilikum untermischen. Die Blumenkohl-Bratlinge auf Küchenpapier kurz abtropfen lassen und mit dem Tomatensalat und dem körnigen Frischkäse anrichten.

Die Ernährungs-Docs

Tomaten sind ein Superfood in der Krebsprävention und die beste Quelle für Lycopin, ein Carotinoid, das für die rote Farbe der Tomaten und vermutlich ihre Anti-Krebs-Wirkung verantwortlich ist. Als hervorragender Zellschützer kann der Pflanzenstoff wahrscheinlich das Risiko eines Prostatakarzinoms verringern, wirkt aber auch vorbeugend gegen Nieren-, Brust-, Lungen- oder Hautkrebs. Noch weiß man nicht genau, welche Mechanismen hinter der krebshemmenden Wirkung von Lycopin stecken. Fest steht aber: Wie sein Verwandter, das Beta-Carotin, ist auch Lycopin ein Top-Antioxidans.

Quinoa-Pilz-Pfanne mit Ei

Für 2 Personen
Zubereitung: 35 Minuten

100 g bunte Quinoamischung (z. B. „Tricolore“)
2 Schalotten
1 Knoblauchzehe
3 EL Olivenöl
Salz
100 g Baby-Blattspinat
125 g Champignons
125 g Austernpilze
100 g tiefgekühlte Erbsen
3 Eier (Größe M)
Pfeffer aus der Mühle
5 Stiele Petersilie
20 g ungesalzene Pistazienkerne

Nährwerte pro Portion: 610 kcal, 29 g EW, 32 g F, 44 g KH, 14 g BST, 5,4 g MUFS

+ Die Quinoamischung in einem Sieb mit heißem Wasser abbrausen und abtropfen lassen. Schalotten und Knoblauch schälen und in feine Würfel schneiden.

+ In einem Topf 1 EL Olivenöl erhitzen, Schalotten und Knoblauch darin bei mittlerer Hitze etwa 3 Minuten andünsten. Die Quinoamischung unterrühren und mit 250 ml Wasser aufgießen. Salzen, aufkochen und zugedeckt bei schwacher Hitze etwa 15 Minuten köcheln lassen. Dann vom Herd nehmen und offen abkühlen lassen.

+ Den Spinat verlesen, waschen und trocken schleudern. Die Pilze putzen und trocken abreiben, Champignons je nach Größe halbieren oder vierteln, die Austernpilze in mundgerechte Stücke schneiden. Die Erbsen antauen lassen. Eier anstechen und in kochendem Wasser etwa 7 Minuten wachsweich kochen, dann abschrecken und pellen.

+ In einer Pfanne 1 EL Olivenöl erhitzen, die Champignons darin bei mittlerer bis starker Hitze etwa 2 Minuten braten. Die Austernpilze und das restliche Öl dazugeben und weitere 2 bis 3 Minuten braten. Mit Salz und Pfeffer würzen.

+ Erbsen und Spinat unter die Pilze heben und 2 bis 3 Minuten dünsten, bis der Spinat zusammengefallen ist. Die Quinoa untermischen, mit Salz und Pfeffer würzen und die Mischung auf der ausgeschalteten Herdplatte ziehen lassen.

+ Die Petersilie waschen und trocken schütteln, die Blätter abzupfen und – bis auf einige zum Garnieren – fein hacken, unter die Quinoa-Pilz-Pfanne mischen. Eier halbieren. Pistazien nicht zu fein hacken. Die Quinoa-Pilz-Pfanne mit den Eiern anrichten, mit den Pistazien und der restlichen Petersilie bestreuen.

Emmer-Spaghetti mit Avocadopesto

Für 2 Personen
Zubereitung: 30 Minuten

30 g Walnusskerne
½ Bio-Zitrone
1 kleine rote Chilischote
30 g ital. Hartkäse (am Stück)
1 Bund Basilikum
1 kleine Avocado
4 EL Olivenöl
Salz, Pfeffer aus der Mühle
140 g Emmer-Vollkornspaghetti
250 g rote und gelbe Cocktailtomaten
1 EL Aceto balsamico

Nährwerte pro Portion: 720 kcal, 19 g EW, 45 g F, 55 g KH, 11 g BST, 12,5 g MUFS

+ Die Walnüsse hacken und in einer kleinen Pfanne ohne Fett bei mittlerer Hitze rösten, dann auf einem Teller abkühlen lassen. Zitrone heiß waschen, trocken reiben, die Schale fein abreiben und den Saft auspressen. Chilischote längs halbieren, entkernen, waschen und in sehr feine Würfel schneiden. Käse fein reiben.

+ Für das Pesto Basilikum waschen, trocken schütteln und die Blätter abzupfen. Avocado halbieren und den Kern entfernen, das Fruchtfleisch mit einem Löffel aus der Schale lösen und in einen hohen Rührbecher geben.

+ Zwei Drittel des Basilikums und 3 EL Olivenöl dazugeben, mit dem Stabmixer cremig pürieren. Walnüsse, Käse, Zitronensaft und -schale sowie Chili unterrühren. Das Pesto mit Salz und Pfeffer abschmecken.

+ Die Nudeln in reichlich kochendem Salzwasser nach Packungsanweisung bissfest garen. Abgießen und kurz abtropfen lassen, dabei 50 ml Kochwasser auffangen.

+ Die Tomaten waschen und halbieren. Das übrige Olivenöl in einer Pfanne erhitzen, die Tomaten darin bei mittlerer Hitze 2 bis 3 Minuten dünsten. Mit Salz, Pfeffer und Essig würzen.

+ Das Avocadopesto mit den Nudeln und dem aufgefangenen Kochwasser mischen. Auf tiefen Tellern anrichten, die Tomaten darauf verteilen und mit dem restlichen Basilikum garnieren.

Zucchini-Thunfisch-Spaghetti

Für 2 Personen
Zubereitung: 25 Minuten

300 g Zucchini
150 g Dinkelvollkornspaghetti
Salz
½ Bio-Zitrone
1 Zwiebel
1 Knoblauchzehe
4 EL Olivenöl
150 ml Gemüsebrühe
Pfeffer aus der Mühle
1 Dose Thunfisch naturell
(150 g Abtropfgewicht;
aus nachhaltiger Fischerei)

Nährwerte pro Portion: 570 kcal, 31 g EW, 24 g F, 52 g KH, 11 g BST, 3,8 g MUFS

+ Die Zucchini putzen, waschen und mit dem Spiralschneider in feine Streifen schneiden. Spaghetti nach Packungsanweisung in reichlich kochendem Salzwasser bissfest garen, etwa 2 Minuten vor Ende der Garzeit die Zucchinistreifen dazugeben und mitgaren. In ein Sieb abgießen und gut abtropfen lassen.

+ Die Zitrone heiß waschen, trocken reiben, 1 TL Schale fein abreiben und 1 EL Saft auspressen. Zwiebel und Knoblauch schälen, in feine Würfel schneiden und im Olivenöl in einer Pfanne bei mittlerer Hitze etwa 2 Minuten glasig dünsten. Die Brühe dazugießen und aufkochen lassen. Mit Zitronensaft und -schale, Salz und Pfeffer würzen.

+ Den Thunfisch abgießen und grob zerzupfen, mit der abgetropften Zucchini-Pasta-Mischung in die Sauce geben, mischen und kurz ziehen lassen. Die Zucchini-Thunfisch-Spaghetti auf Teller verteilen.

Bimi-Bratreis mit Garnelen

Für 2 Personen
Zubereitung: 30 Minuten

100 g 10-Minuten-Naturreis
Salz
400 g Bimi (Wildbrokkoli; ersatzweise Brokkoliröschen)
3 Frühlingszwiebeln
250 g rohe geschälte Garnelen
100 ml Gemüsebrühe
2 TL Tomatenmark
1 TL Sambal Oelek
2 EL Sojasauce
4 EL Rapsöl

Nährwerte pro Portion: 580 kcal, 36 g EW, 25 g F, 48 g KH, 9 g BST, 7 g MUFS

+ Den Reis nach Packungsanweisung in kochendem Salzwasser garen, abgießen, abtropfen und abkühlen lassen. Inzwischen den Bimi putzen, waschen und die Stielenden knapp abschneiden, Bimi in grobe Stücke schneiden. Frühlingszwiebeln putzen, waschen und in feine Ringe schneiden.

+ Die Garnelen kalt abbrausen, abtropfen lassen und halbieren. Die Brühe mit Tomatenmark, Sambal Oelek und Sojasauce verrühren.

+ Im Wok oder in einer schweren Pfanne 2 EL Rapsöl erhitzen. Den Reis und die Garnelen darin bei mittlerer Hitze unter Rühren etwa 5 Minuten braten, dann wieder herausnehmen.

+ Das übrige Rapsöl im Wok oder in der Pfanne erhitzen, Bimi dazugeben und bei mittlerer Hitze etwa 5 Minuten unter Rühren braten. Die Hälfte der Frühlingszwiebeln kurz mitbraten. Die Reismischung hinzufügen, unter Rühren 2 bis 3 Minuten braten. Die Würzsauce untermischen. Den Bratreis auf Tellern anrichten und mit den restlichen Frühlingszwiebeln bestreuen.

Asia-Tofu-Nudeln mit Chinakohl

Für 2 Personen
Zubereitung: 35 Minuten

100 g Dinkelvollkornspaghetti
Salz
250 g Tofu natur
20 g Ingwer
1 Knoblauchzehe
3 EL Sojasauce
2 TL geröstetes Sesamöl
250 g Chinakohl
1 kleine rote Paprikaschote
100 g Shiitake-Pilze
2 Frühlingszwiebeln
4 EL Rapsöl
2 Bio-Limettenspalten

Nährwerte pro Portion: 650 kcal, 19 g EW, 32 g F, 62 g KH, 12 g BST, 10,8 g MUFS

+ Die Nudeln nach Packungsanweisung in kochendem Salzwasser bissfest garen. Inzwischen Tofu trocken tupfen, grob in Würfel schneiden und portionsweise im Blitzhacker klein hacken. Ingwer schälen und fein reiben, Knoblauch schälen und in feine Würfel schneiden. Je die Hälfte des Ingwers und Knoblauchs mit dem Tofuhack, 1 EL Sojasauce und 1 TL Sesamöl mischen und den Tofu marinieren.

+ Den Chinakohl putzen, waschen und in etwa 1 cm breite Streifen schneiden. Paprika längs halbieren, entkernen, waschen und in feine Streifen schneiden. Von den Pilzen die Stiele entfernen, die Kappen trocken abreiben und halbieren. Die Frühlingszwiebeln putzen und waschen, das Weiße und Hellgrüne getrennt in feine Ringe schneiden.

+ Die Nudeln abgießen, abtropfen lassen und mit übrigem Sesamöl mischen. Im Wok oder in einer großen Pfanne 2 EL Rapsöl erhitzen, Tofumix darin bei starker Hitze unter Rühren 3 bis 4 Minuten krümelig anbraten, herausnehmen und zugedeckt beiseitestellen. Chinakohl, Paprika, Pilze sowie restlichen Ingwer und Knoblauch im übrigen Rapsöl unter Rühren 2 bis 3 Minuten kräftig anbraten. Die Nudeln und das Weiße der Frühlingszwiebeln unterheben, mit der übrigen Sojasauce würzen. Die Asianudeln in tiefen Tellern anrichten, Tofuhack darüber verteilen, mit Frühlingszwiebeln und Limettenspalten garnieren.

Die Ernährungs-Docs

In Shiitake-Pilzen steckt Lentinan, ein komplexes Zuckermolekül, das das Immunsystem stimuliert und so möglicherweise das Tumorwachstum verlangsamt. Dafür gibt es zwar noch keine ausreichenden Belege – trotzdem empfehlen sich die Pilze als fester Bestandteil der gesunden Küche. Denn neben immunstärkenden Stoffen liefern sie auch Eiweiß, Ballaststoffe und Vitamin D.

Ratatouille-Pasta-Auflauf

Für 2 Personen
Zubereitung: 30 Minuten
Garen: 20–25 Minuten

1 kleine Aubergine (ca. 250 g)
1 Zucchini (ca. 150 g)
je 1 kleine rote und gelbe Paprikaschote
1 rote Zwiebel
2 Knoblauchzehen
1 Zweig Rosmarin
2 Zweige Oregano
4 Stiele Petersilie
4 EL Olivenöl
1 Dose stückige Tomaten (400 g)
100 ml Gemüsebrühe
Salz, Pfeffer aus der Mühle
120 g kurze Dinkelvollkornnudeln (z. B. Penne)
125 g Mozzarella (mind. 45 % Fett i.Tr.)
8–10 Basilikumblätter

Nährwerte pro Portion: 670 kcal, 25 g EW, 37 g F, 52 g KH, 14 g BST, 4 g MUFS

+ Aubergine, Zucchini und Paprikaschoten putzen, waschen und in etwa 2 cm große Stücke schneiden. Zwiebel und Knoblauch schälen und in feine Würfel schneiden. Kräuter waschen und trocken schütteln, die Nadeln bzw. Blätter abzupfen und fein hacken.

+ In einer großen Pfanne 3 EL Olivenöl erhitzen. Aubergine, Zucchini und Paprika dazugeben und bei mittlerer bis starker Hitze etwa 5 Minuten kräftig anbraten, dabei wenden. Zwiebel und Knoblauch hinzufügen und etwa 3 Minuten mitbraten. Tomaten, Brühe und Kräuter dazugeben, aufkochen und zugedeckt bei mittlerer Hitze 5 bis 7 Minuten garen. Ratatouille mit Salz und Pfeffer kräftig abschmecken.

+ Inzwischen den Backofen auf 180 °C vorheizen. Die Nudeln in kochendem Salzwasser ein paar Minuten kürzer, als auf der Packung angegeben ist, sehr bissfest garen. Danach abgießen, kurz abtropfen lassen und unter das Gemüse mischen. Die Pastamischung in eine Auflaufform (etwa 20 x 30 cm) füllen.

+ Den Mozzarella abtropfen lassen, in Würfel schneiden und auf dem Auflauf verteilen. Den Auflauf mit dem übrigen Olivenöl beträufeln und im Ofen auf der mittleren Schiene 20 bis 25 Minuten garen. Herausnehmen und mit Basilikum garnieren.

Die Ernährungs-Docs

Die in Paprikaschoten enthaltenen Carotinoide – darunter Beta-Carotin, Lutein und Zeaxanthin – bekämpfen nachweislich oxidativen Stress – also ein Ungleichgewicht von instabilen Molekülen im Körper, die als freie Radikale bezeichnet werden. Ein solches Ungleichgewicht kann zu Zell- und Gewebeschäden beitragen und das Risiko für bestimmte Krebsarten erhöhen.

Kürbis-Rahmsauerkraut mit Semmelknödeln

Für 2 Personen
Zubereitung: 1 Stunde

2 Haferflocken-Quark-Brötchen vom Vortag (à ca. 75 g; Rezept Seite 102, ersatzweise Dinkelvollkornbrötchen)
½ Bund Petersilie
3 kleine Zwiebeln
1 ½ EL Butterschmalz
100 ml Milch (3,5 % Fett)
300 g Butternusskürbis
250 g frisches Sauerkraut
1 Ei (Größe M)
Salz, Pfeffer aus der Mühle
250 ml Gemüsebrühe
150 g Sahne
1 Lorbeerblatt
3 Wacholderbeeren

Nährwerte pro Portion: 700 kcal, 22 g EW, 47 g F, 40 g KH, 10 g BST, 5,2 g MUFS

+ Die Brötchen in dünne Scheiben schneiden und in eine Schüssel geben. Petersilie waschen und trocken schütteln, die Blätter abzupfen und fein hacken. 1 Zwiebel schälen und in feine Würfel schneiden.

+ In einem kleinen Topf ½ EL Butterschmalz zerlassen, die Zwiebel darin bei mittlerer Hitze glasig dünsten. Milch dazugießen, einmal aufkochen lassen, dann über die Brötchen gießen und etwa 15 Minuten quellen lassen. Inzwischen den Kürbis schälen, entkernen und in etwa 1 cm große Würfel schneiden. Das Sauerkraut in einem Sieb abtropfen lassen. Restliche Zwiebeln schälen und in feine Würfel schneiden.

+ In einem Topf reichlich Wasser aufkochen. Das Ei, die Hälfte der Petersilie, Salz und Pfeffer zur Brötchenmischung geben. Mit den Händen zu einer gleichmäßigen Masse verkneten und 4 Knödel daraus formen. Das Kochwasser salzen, die Knödel hineingeben, einmal aufkochen und bei schwacher Hitze etwa 20 Minuten gar ziehen lassen.

+ Zwiebel- und Kürbiswürfel im restlichen Schmalz in einem Topf bei mittlerer Hitze 3 Minuten anbraten. Das Sauerkraut dazugeben, etwa 2 Minuten mitdünsten. Die Brühe und die Sahne dazugießen, Lorbeer und Wacholderbeeren dazugeben, salzen, pfeffern. Das Kraut zugedeckt bei mittlerer Hitze etwa 20 Minuten garen. Mit den abgetropften Knödeln anrichten und mit der übrigen Petersilie bestreuen.

Die Ernährungs-Docs

In frischem (!) Sauerkraut sind Milchsäurebakterien enthalten, die nicht von der Magensäure zerstört werden. Daher können sie unbeschadet durch den Verdauungstrakt wandern. Im Darm verbessern sie das mikrobielle Gleichgewicht: Sie verdrängen krank machende Bakterien und stimulieren so das Immunsystem.

Ofengemüse mit Gurken-Kurkuma-Raita

Für 2 Personen
Zubereitung: 30 Minuten
Garen: 35-40 Minuten

½ kleiner Blumenkohl (ca. 350 g)
150 g Möhren
150 g Rote Bete
150 g Petersilienwurzeln
300 g festkochende Kartoffeln
2 kleine rote Zwiebeln
2 Knoblauchzehen
4 EL Olivenöl
50 ml Gemüsebrühe
½ EL Harissapaste (aus dem Glas)
2 TL flüssiger Honig
Salz, Pfeffer aus der Mühle
20 g Walnusskerne
1 Mini-Salatgurke
150 g griech. Sahnejoghurt (10 % Fett)
½ TL Kurkumapulver

Nährwerte pro Portion: 620 kcal, 14 g EW, 36 g F, 53 g KH, 12 g BST, 8,1 g MUFS

+ Den Backofen auf 210 °C vorheizen. Alle Gemüse putzen und waschen bzw. schälen. Blumenkohl in Röschen teilen, die Stiele in etwa ½ cm dicke Scheiben schneiden. Möhren, Rote Bete, Petersilienwurzeln und Kartoffeln in etwa 2 cm große Stücke schneiden. Zwiebeln schälen, halbieren und in Spalten schneiden. Knoblauch andrücken.

+ In einer großen Schüssel Olivenöl, Brühe, Harissapaste, Honig, ½ TL Salz und Pfeffer verrühren. Die vorbereiteten Zutaten in die Marinade geben, gut mischen und auf einem tiefen Backblech verteilen. Im Ofen auf der mittleren Schiene 35 bis 40 Minuten rösten, dabei zweimal wenden.

+ Inzwischen die Nüsse grob hacken und in einer Pfanne ohne Fett bei mittlerer Hitze anrösten. Abkühlen lassen. Gurke putzen, waschen und in etwa ½ cm große Würfel schneiden. Joghurt mit Kurkuma, Salz und Pfeffer glatt rühren, die Gurkenwürfel unterheben.

+ Das Gemüse auf Tellern anrichten, mit dem restlichen Gewürzöl vom Blech beträufeln und mit den Nüssen bestreuen. Die Raita separat dazu reichen.

Die Ernährungs-Docs

Das in Kurkuma enthaltene Curcumin senkt das Thromboserisiko und hat ein sehr hohes antioxidatives und antientzündliches Potenzial. In Studien wirkte der gelborange Farbstoff der Invasion und Metastasierung von Krebszellen entgegen und förderte das Absterben von Krebszellen. Einziges Manko: Der Dünndarm nimmt Kurkuma nicht besonders gut auf. Aber ein Stoff im Pfeffer (Piperin) erhöht die Bioverfügbarkeit. Pfeffern Sie das Gericht also kräftig!

Möhren-Linsen-Püree mit Spinat und Makrele

Für 2 Personen
Zubereitung: 30 Minuten

300 g Möhren
2 Schalotten
2 EL Olivenöl
250 ml Gemüsebrühe
100 ml Kokosmilch
(aus der Dose)
100 g rote Linsen
1 TL gemahlener Kreuzkümmel
½ TL Kurkumapulver
400 g junger Blattspinat
Salz, Pfeffer aus der Mühle
1 EL Limettensaft
2 Räuchermakrelenfilets
(ohne Haut; à 100 g)

Nährwerte pro Portion: 745 kcal, 34 g EW, 52 g F, 32 g KH, 11 g BST, 9,5 g MUFS

+ Möhren putzen, schälen und in etwa 2 cm große Stücke schneiden. Die Schalotten schälen, in feine Würfel schneiden und mit den Möhren in 1 EL Olivenöl in einem Topf bei mittlerer Hitze etwa 3 Minuten dünsten. Brühe, Kokosmilch und Linsen dazugeben, mit Kreuzkümmel und Kurkuma würzen. Aufkochen und zugedeckt bei mittlerer Hitze etwa 15 Minuten garen.

+ Spinat verlesen, waschen und gut abtropfen lassen. Das übrige Olivenöl in einer Pfanne erhitzen, den Spinat dazugeben und zugedeckt bei mittlerer Hitze 3 bis 4 Minuten zusammenfallen lassen. Mit Salz und Pfeffer würzen.

+ Die Möhren-Linsen vom Herd nehmen und mit dem Stabmixer fein pürieren. Das Püree mit Salz, Pfeffer und Limettensaft abschmecken und mit dem Spinat und jeweils 1 Makrelenfilet anrichten.

Lachs mit Kartoffeln und Paprikaquark

Für 2 Personen
Zubereitung: 40 Minuten

300 g kleine festkochende Kartoffeln (z. B. Drillinge)
Salz
100 g geröstete rote Paprikaschoten (aus dem Glas)
1 EL Olivenöl
2 TL Leinöl
250 g Speisequark (20 % Fett i.Tr.)
50 g gemischte Kräuter (z. B. Schnittlauch, Petersilie, Dill)
Pfeffer aus der Mühle
½ TL gemahlener Kümmel
2 Lachsfilets (ohne Haut; à 160 g)

Nährwerte pro Portion: 660 kcal, 52 g EW, 35 g F, 30 g KH, 4 g BST, 9,4 g MUFS

+ Die Kartoffeln gründlich waschen und mit Schale in Salzwasser 20 bis 25 Minuten garen. Abgießen und ausdampfen lassen.

+ Die Paprika abtropfen lassen, mit 1 TL Olivenöl und dem Leinöl in einem hohen Rührbecher mit dem Stabmixer fein pürieren. Den Quark unterrühren. Kräuter waschen und trocken schütteln, Schnittlauch in feine Röllchen schneiden, Petersilie und Dill von den Stielen zupfen und fein hacken. Zwei Drittel der Kräuter zum Paprikaquark geben, mit Salz, Pfeffer und Kümmel würzen.

+ Die Lachsfilets waschen und trocken tupfen, auf beiden Seiten mit Salz und Pfeffer würzen. Das restliche Olivenöl in einer Pfanne erhitzen und den Lachs darin auf jeder Seite 3 bis 4 Minuten braten. Den Lachs mit Kartoffeln und Paprikaquark anrichten und mit den restlichen Kräutern bestreuen.

Kabeljau-Nuggets mit Mangold-Tomaten-Gemüse

Für 2 Personen
Zubereitung: 40 Minuten

30 g zarte Haferflocken
250 g Kabeljaufilet
1 Ei (Größe M)
Salz, Pfeffer aus der Mühle
35 g ungeschälte Sesamsamen
500 g Mangold
1 kleine Zwiebel
150 g Cocktailtomaten
½ Bio-Zitrone
3 EL Rapsöl
10 g Butter
100 g Sahne

Nährwerte pro Portion: 690 kcal, 38 g EW, 49 g F, 18 g KH, 10 g BST, 9,1 g MUFS

+ Die Haferflocken im Blitzhacker fein mahlen. Das Fischfilet waschen, trocken tupfen und in mundgerechte Stücke schneiden. Das Ei in einem tiefen Teller mit Salz und Pfeffer verquirlen. 50 g Hafermehl und den Sesam auf zwei weitere Teller geben.

+ Die Fischstücke zuerst im Hafermehl wenden, dann durch das verquirlte Ei ziehen und zuletzt im Sesam wälzen.

+ Den Mangold putzen und waschen, die Stiele in etwa 1 cm große Stücke, die Blätter in etwa 3 cm breite Streifen schneiden. Die Zwiebel schälen und in feine Würfel schneiden. Die Tomaten waschen und halbieren. Die Zitrone heiß waschen, trocken reiben, 1 TL Schale fein abreiben und 2 TL Zitronensaft auspressen.

+ In einer Pfanne 2 EL Rapsöl erhitzen und die Nuggets darin bei mittlerer Hitze auf jeder Seite etwa 3 Minuten goldbraun braten. Aus der Pfanne nehmen und auf Küchenpapier kurz abtropfen lassen.

+ Die Butter und das restliche Rapsöl in einem breiten Topf erhitzen, Die Zwiebel und Mangoldstiele darin bei mittlerer Hitze etwa 2 Minuten anbraten. Mit dem übrigen Hafermehl bestäuben, unter Rühren kurz dünsten. Die Sahne und 100 ml Wasser dazugießen, aufkochen und offen bei schwacher Hitze etwa 5 Minuten einkochen lassen, dabei ab und zu umrühren.

+ Mangoldgrün und Tomaten unterheben und etwa 3 Minuten mitdünsten. Mit Salz, Pfeffer und Zitronensaft würzen. Die Fisch-Nuggets mit dem Gemüse anrichten und mit Zitronenschale bestreuen.

Spitzkohlpuffer mit Räucherlachs

Für 2 Personen
Zubereitung: 30 Minuten

250 g Spitzkohl
Salz
1 kleine Zwiebel
4 Stiele Petersilie
100 g Dinkelvollkornmehl
2 Eier (Größe M)
1 TL mittelscharfer Senf
Pfeffer aus der Mühle
100 g saure Sahne (10 % Fett)
2 EL Sahne
1 EL Zitronensaft
1 TL flüssiger Honig
30 g frischer Meerrettich
4 EL Rapsöl
100 g Räucherlachs (in Scheiben)

Nährwerte pro Portion: 720 kcal, 29 g EW, 46 g F, 43 g KH, 8 g BST, 9 g MUFS

+ Den Spitzkohl putzen, waschen und in feine Streifen schneiden. Mit Salz würzen, mit den Händen etwa 2 Minuten kräftig durchkneten und gut ausdrücken. Zwiebel schälen und in feine Würfel schneiden. Petersilie waschen und trocken schütteln, Blätter abzupfen und fein hacken. Spitzkohl mit Zwiebel, Mehl, Eiern, Senf und Petersilie gut mischen, mit Salz und Pfeffer würzen und 10 Minuten quellen lassen.

+ Inzwischen saure Sahne, Sahne, Zitronensaft, Honig, Salz und Pfeffer verrühren. Den Meerrettich schälen, fein reiben und sofort unter den Dip rühren.

+ Backofen auf 80 °C vorheizen. In einer großen Pfanne 2 EL Rapsöl erhitzen. Kohlmasse in 5 bis 6 esslöffelgroßen Portionen nebeneinander in die Pfanne setzen und flach drücken. Die Puffer bei mittlerer bis starker Hitze 3 bis 4 Minuten goldbraun braten, dann wenden und 2 bis 3 Minuten fertig braten. Auf Küchenpapier kurz abtropfen lassen und im Ofen warm halten. Die übrige Masse auf die gleiche Weise im restlichen Öl braten. Puffer mit Lachs und Merrettichdip anrichten.

Die Ernährungs-Docs

Vor allem im Fett von Meeresfischen wie Lachs, Makrele, Hering und Thunfisch kommen zwei mehrfach ungesättigte Omega-3-Fettsäuren reichlich vor: EPA (Eicosapentaensäure) und DHA (Docosahexaensäure). Diese können gegen und bei Krebserkrankungen vielfältig wirken: Sie haben einen präventiven Effekt, reduzieren Entzündungsvorgänge, stärken das Immunsystem und helfen dabei, das Körpergewicht zu stabilisieren.

Hühnerfrikassee mit Spargel

Für 2 Personen
Zubereitung: 45 Minuten
Garen: 30 Minuten

2 Hähnchenkeulen (à ca. 350 g)
½ Zwiebel
1 Lorbeerblatt
3 schwarze Pfefferkörner
Salz
250 g grüner Spargel
50 g Zuckerschoten
100 g Möhren
75 g kleine Champignons
20 g Butter
20 g Dinkelmehl (Type 1050)
100 g Sahne
Pfeffer aus der Mühle
1-2 TL Zitronensaft
½ Bund Petersilie

Nährwerte pro Portion: 630 kcal, 45 g EW, 42 g F, 16 g KH, 5 g BST, 5,4 g MUFS

+ Die Hähnchenkeulen waschen, mit Zwiebel, Lorbeer, Pfefferkörnern, ½ TL Salz und ½ l Wasser in einem Topf zugedeckt langsam aufkochen und bei schwacher Hitze etwa 30 Minuten köcheln lassen.

+ Das Gemüse putzen und waschen oder schälen (Spargel nur im unteren Drittel). Spargel schräg in etwa 2 cm breite Stücke schneiden. Zuckerschoten diagonal halbieren. Möhren und Pilze in dünne Scheiben schneiden. Zuerst Spargel und Möhren in ½ l kochendem Salzwasser 2 Minuten blanchieren, dann die Zuckerschoten 1 Minute mitgaren. Gemüse abgießen, abschrecken und gut abtropfen lassen.

+ Die Hähnchenkeulen aus der Brühe nehmen und lauwarm abkühlen lassen. Häuten, das Fleisch von den Knochen lösen und in grobe Stücke schneiden. Die Brühe durch ein Sieb gießen.

+ Die Butter zerlassen. Mehl darüberstäuben und kurz anschwitzen. Brühe und Sahne dazugießen und unter Rühren aufkochen. Pilze in die Sauce geben und bei schwacher Hitze etwa 3 Minuten köcheln lassen. Fleisch und Gemüse hinzufügen und etwa 5 Minuten mit erhitzen. Das Frikassee mit Salz, Pfeffer und Zitronensaft abschmecken. Petersilie waschen und trocken schütteln, die Blätter abzupfen und fein hacken. Kurz vor dem Servieren unter das Frikassee mischen. Dazu passt pro Person 50 g (roh) Vollkorn- oder Wildreis.

Die Ernährungs-Docs

Keine Frage: Weißes Fleisch von Geflügel wie Huhn und Pute ist fettarm und enthält wertvolle Proteine, B-Vitamine sowie Zink. Im Gegensatz zu rotem und vor allem verarbeitetem Fleisch von Rind, Schwein oder Lamm steht es zwar nicht so stark in der Diskussion, das Krebsrisiko zu erhöhen. Aber allein aus Gründen der Nachhaltigkeit sollte man auch den Konsum von weißem Fleisch reduzieren und beim Kauf auf Bioqualität achten.

Fruchtig-süßes Löffelglück

Genießen Sie ohne Reue, wenn Sie Lust auf eine süße Leckerei haben! Mini-Cheesecake, Softeis, Trifle und Co. werden Ihnen nicht schwer im Magen liegen, sondern Genuss bereiten und dazu beitragen, Ihre Lebensqualität zu verbessern.

Heidelbeer-Softeis

Für 2 Personen: **150 g tiefgekühlte Wildheidelbeeren** im Küchenmixer 10 Minuten antauen lassen. **15 g gehackte Mandeln** in einer Pfanne rösten, abkühlen lassen. **100 g Seidentofu, 1 EL braunen Rohrohrzucker (z. B. Muscovado)** und **1 TL Zitronensaft** zu den Beeren geben und zu einer cremigen Eismasse pürieren. Softeis in Dessertschalen anrichten und mit Mandeln bestreuen.

Nährwerte pro Portion: 130 kcal,
5 g EW, 6 g F, 10 g KH, 5 g BST, 2,1 g MUFS

Pflaumen-Limetten-Trifle

Für 2 Personen: **300 g Pflaumen** waschen, halbieren und entsteinen, **100 g Pflaumen** mit **3 EL Wasser** in einem hohen Rührbecher fein pürieren. Übrige Pflaumen in kleine Würfel schneiden, unter das Püree mischen. **½ Bio-Zitrone** heiß waschen, trocken reiben, Schale fein abreiben und Saft auspressen. Beides mit **250 g Speisequark (20 % Fett i.Tr.)** und **1 EL flüssigem Honig** mischen. Pflaumenmasse und Quarkcreme abwechselnd in zwei Gläser schichten und mit **Minzeblättern** garnieren.

Nährwerte pro Portion: 240 kcal,
17 g EW, 7 g F, 26 g KH, 2 g BST, 0,3 g MUFS

Chiapudding mit Papaya

Für 2 Personen: **200 ml ungesüßten Kokosdrink, 2 TL braunen Rohrohrzucker (z. B. Muscovado)** und **35 g Chiasamen** verrühren, etwa 10 Minuten quellen lassen und nochmals durchrühren. Chiamischung auf zwei Dessertgläser verteilen, zugedeckt 30 Minuten (oder über Nacht) kühl stellen. **300 g Papaya** entkernen, schälen und in kleine Würfel schneiden, mit **1 EL Limettensaft** und **1 TL abgeriebener Bio-Limettenschale** mischen. Papayasalat auf dem Chiapudding verteilen, mit **jeweils 1 TL Kakao-Nibs** bestreuen.

Nährwerte pro Portion: 255 kcal,
7 g EW, 9 g F, 10 g KH, 10 g BST, 4,7 g MUFS

Mini-Mohn-Cheesecake mit Himbeeren

Für 4 Personen: Backofen auf 160 °C vorheizen. **50 g Hafervollkornkekse** in einem Gefrierbeutel mit der Teigrolle fein zerbröseln und (bis auf 1 EL) mit **20 g weicher Butter** verkneten. In vier ofenfeste Gläser (à 150 ml) verteilen und andrücken. **200 g Doppelrahmfrischkäse, 1 EL Schmand (24 % Fett)** und **1 Ei (Größe M)** verrühren. **30 g braunen Rohrohrzucker (z. B. Muscovado), 1 EL Mohn, ¼ TL gemahlene Vanille** und **½ EL Dinkelvollkornmehl** mischen, mit **100 g tiefgekühlten Himbeeren** unter die Frischkäsemasse rühren. In die Gläser füllen, diese in eine Auflaufform stellen und auf die mittlere Schiene in den Ofen schieben. Form zu zwei Dritteln mit kochendem Wasser füllen. Küchlein etwa 30 Minuten backen, abkühlen lassen, mit **50 g Himbeeren** und übrigen Bröseln garnieren.

Nährwerte pro Portion: 360 kcal,
10 g EW, 27 g F, 18 g KH, 3 g BST, 1,9 g MUFS

ABENDESSEN

Ob cremige Möhrensuppe, knusprige Brokkoli-Frittata oder Linsensalat mit Auberginen-Piccata: Kombiniert mit wertvollem Eiweiß aus Käse, Ei, Tofu, Fisch und Geflügel macht Gemüse satt und fit. Zugleich enthalten unsere leckeren Abendrezepte weniger Kohlenhydrate. So bleibt der Blutzuckerspiegel konstant – und Sie können besser schlafen.

Feldsalat mit Avocado und Ei

Für 2 Personen
Zubereitung: 35 Minuten

2 Eier (Größe M)
120 g Feldsalat
1 Schalotte
2 EL Weißweinessig
Salz, Pfeffer aus der Mühle
2 EL Walnussöl
1 kleine Avocado
125 g Cocktailtomaten
1 ½ EL Olivenöl
10 g Cashewkerne
10 g Walnusskerne
20 g kernige Haferflocken
½ TL Pul Biber
(scharfe Paprikaflocken)
1 TL flüssiger Honig

Nährwerte pro Portion: 470 kcal, 13 g EW, 38 g F, 16 g KH, 6 g BST, 12,7 g MUFS

+ Die Eier anstechen und in kochendem Wasser 6 bis 8 Minuten wachsweich kochen, dann abschrecken und pellen. Inzwischen den Feldsalat verlesen, waschen und trocken schleudern. Schalotte schälen und in feine Würfel schneiden. In einer Schüssel Essig, 2 EL kaltes Wasser, Salz und Pfeffer verrühren. Das Walnussöl mit einem Schneebesen kräftig unterschlagen. Die Schalottenwürfel untermischen, anschließend den Feldsalat unterheben und auf zwei Teller verteilen.

+ Die Avocado halbieren und den Kern entfernen, das Fruchtfleisch mit einem Löffel aus der Schale lösen und in etwa 2 cm große Stücke schneiden. Die Eier quer halbieren. Avocado und Eier auf dem Salat verteilen. Die Tomaten waschen und abtropfen lassen.

+ In einer Pfanne 1 EL Olivenöl erhitzen. Cashew- und Walnusskerne hacken und mit den Haferflocken im Öl bei mittlerer Hitze unter Rühren etwa 5 Minuten goldbraun rösten. Pul Biber und Honig unterrühren. Nussmix salzen, vom Herd nehmen und abkühlen lassen.

+ Die Pfanne mit Küchenpapier auswischen, das übrige Olivenöl darin erhitzen. Die Tomaten darin so lange braten, bis sie aufplatzen. Auf den Salat geben und mit dem Nuss-Flocken-Mix bestreuen. Dazu passt Vollkornbaguette oder -brot.

Die Ernährungs-Docs

Knabbern Sie regelmäßig ein paar Walnüsse und verwenden Sie Walnussöl! Die Baumnüsse sind reich an Omega-3-Fettsäuren, die das Tumorwachstum hemmen. Zudem enthalten sie viele zellschützende Antioxidantien, unter anderem Vitamin E und Polyphenole, die im Körper in Ellagsäure umgewandelt werden. Dieser Gerbstoff wirkt entzündungshemmend und antikanzerogen und fördert die körpereigenen Regenerationsprozesse.

Rote-Linsen-Pasta-Salat mit Grünkohl

Für 2 Personen
Zubereitung: 30 Minuten

200 g Knollensellerie
175 g Möhren
200 g Grünkohl
(ohne dicken Strunk)
5 EL Olivenöl
Salz, Pfeffer aus der Mühle
100 ml Gemüsebrühe
120 g Rote-Linsen-Nudeln
2 EL Weißweinessig
1 TL körniger Senf
2 EL Granatapfelkerne
(frisch oder tiefgekühlt)

Nährwerte pro Portion: 530 kcal, 19 g EW, 28 g F, 44 g KH, 12 g BST, 4 g MUFS

+ Sellerie putzen, schälen und in etwa 1 cm große Würfel schneiden. Möhren putzen, schälen und schräg in dünne Scheiben schneiden. Grünkohl verlesen, waschen und gut abtropfen lassen, die Blätter von den dicken Stielen zupfen und grob hacken.

+ In einem breiten Topf 2 EL Olivenöl erhitzen. Sellerie, Möhren und Grünkohl darin bei starker Hitze etwa 2 Minuten unter Rühren braten, mit Salz und Pfeffer würzen. Die Hitze reduzieren, die Brühe angießen und das Gemüse zugedeckt bei mittlerer Hitze weitere 10 bis 12 Minuten dünsten, dabei ab und zu umrühren. Offen abkühlen lassen.

+ Inzwischen in einem Topf Salzwasser zum Kochen bringen und die Linsen-Nudeln darin nach Packungsanweisung 6 bis 8 Minuten bissfest garen. Abgießen, abschrecken und gut abtropfen lassen.

+ Für das Dressing Essig, Senf, Salz, Pfeffer und das übrige Olivenöl verquirlen. Die Grünkohl-Gemüse-Mischung, die Nudeln und 1 EL Granatapfelkerne dazugeben und untermischen. Den Salat auf Tellern anrichten und mit den übrigen Granatapfelkernen bestreuen.

Die Ernährungs-Docs

Wegen seines sehr hohen Gehalts an Quercetin ist Grünkohl ein Top-Gemüse zur Krebsvorbeugung und -behandlung. Der sekundäre Pflanzenstoff wirkt extrem antioxidativ und antientzündlich und ist stark im Kampf gegen chemo- und strahlentherapieresistente Krebsstammzellen – das zeigen Studien des Deutschen Krebsforschungszentrums. Außerdem hindert Quercetin Krebszellen daran, sich im Körper auszubreiten und Metastasen zu bilden.

Kichererbsensalat mit Aprikosen und Halloumi

Für 2 Personen
Zubereitung: 30 Minuten

1 Schalotte
½ Orange
2 EL Aceto balsamico
½ TL Currypulver
Salz
4 EL Olivenöl
1 rote Spitzpaprikaschote
2-3 Aprikosen (ca. 100 g)
1 Stange Staudensellerie
50 g Rucola
120 g Kichererbsen
(aus der Dose)
100 g Halloumi (Grillkäse)
30 g Walnusskerne

Nährwerte pro Portion: 620 kcal, 23 g EW, 47 g F, 23 g KH, 6 g BST, 11,1 g MUFS

+ Die Schalotte schälen und in feine Würfel schneiden. Die Orange auspressen. Orangensaft, Essig, Curry und Salz in einer Schüssel verrühren. 3 EL Olivenöl unterschlagen, Schalottenwürfel unterheben.

+ Die Paprika längs halbieren, entkernen und waschen. Die Hälften quer in feine Streifen schneiden. Die Aprikosen waschen, halbieren, entsteinen und in etwa 1 cm breite Spalten schneiden. Den Sellerie putzen, waschen und in etwa 1 cm breite Stücke schneiden.

+ Rucola verlesen, waschen und gut abtropfen lassen, grobe Stiele entfernen. Die Kichererbsen in ein Sieb abgießen, kalt abbrausen und abtropfen lassen. Paprika, Aprikosen, Sellerie und Kichererbsen mit dem Dressing gut mischen, den Rucola vorsichtig unterheben.

+ Halloumi trocken tupfen, in etwa 1 cm dicke Scheiben schneiden und im übrigen Olivenöl in einer Pfanne bei mittlerer Hitze auf jeder Seite 2 bis 3 Minuten goldbraun braten. Walnüsse grob hacken. Den Salat mit dem Halloumi anrichten und mit den Nüssen bestreuen.

Die Ernährungs-Docs

Kichererbsen verhelfen dem Körper auch ohne tierische Lebensmittel zu wertvollem Eiweiß: Wenn die kleinen Hülsenfrüchte gegart aus der Dose oder dem Glas kommen, liefern sie 7 Gramm Eiweiß pro 100 Gramm. Gerade während der Krebstherapie ist eine ausreichende Versorgung mit Proteinen wichtig, weil sie für eine gute Immunreaktion und Wundheilung sowie für die Erhaltung der Muskulatur benötigt werden. Ein weiteres Plus von Kichererbsen: Sie enthalten sekundäre Pflanzenstoffe, die antioxidativ, entzündungshemmend und somit krebsvorbeugend wirken.

Fermentierter Gemüse-Weißkohl

Für 1 Einmachglas
(ca. 1 l Inhalt; 4 Portionen)
Zubereitung: 30 Minuten
Ruhen: 20 Minuten
Gären/Reifen: 5–8 Wochen

500 g Weißkohl
1 kleine rote Paprikaschote
100 g Möhren
Salz
10 g Ingwer
1 Knoblauchzehe
1 rote Chilischote
1 Lorbeerblatt

Nährwerte pro Portion: 60 kcal, 2 g EW, 0,4 g F, 8 g KH, 5 g BSt, 0,2 g MUFS

+ Den Kohl putzen, waschen und in feine Streifen schneiden oder hobeln. Paprika längs halbieren, entkernen und waschen, Möhren putzen und schälen, beide Gemüse in feine Streifen schneiden. Die Gemüsestreifen in eine große Schüssel füllen, 14 g Salz dazugeben (pro 100 g geputztem Gemüse rechnet man 2 g Salz). Ingwer und Knoblauch schälen, Chilischote längs halbieren, entkernen und waschen. Alles in feine Würfel schneiden und mit dem Lorbeerblatt zum Gemüse geben. Gut mischen und etwa 20 Minuten ziehen lassen.

+ Dann das Gemüse mit den Händen gut durchkneten. Sobald es schlaff und saftig ist, samt Salzlake bis etwa 3 cm unter den Rand in das Einmachglas schichten. Das Gemüse mit einem Holzstößel festdrücken. Mit einem Gewicht (z. B. einem in Frischhaltefolie gewickelten Stein) beschweren, sodass alles mit Salzlake bedeckt ist. Eventuell noch etwas Wasser hinzufügen. Das Glas mit dem passenden Deckel locker (!) verschließen, damit die Gärgase entweichen können.

+ Den Kohl im Dunkeln bei 18 bis 20 °C 3 bis 4 Tage ruhen lassen. Sobald kleine Bläschen aufsteigen, beginnt die Gärung. Anschließend das Gemüse an einem kühlen Ort (16 bis 18 °C) 3 bis 6 Wochen fermentieren, ohne dabei das Glas zu öffnen. Vor dem Öffnen den milchsauren Gemüse-Kohl noch 2 Wochen im Kühlschrank reifen lassen. Den Inhalt immer mit einem sauberen Löffel entnehmen. Der fermentierte Kohl schmeckt pur, zu Suppen, Salaten oder als Beilage zu Asiagerichten. Nach dem Öffnen ist er gekühlt 1 bis 2 Monate haltbar.

Die Ernährungs-Docs

Es lohnt sich, rohes Gemüse selbst zu fermentieren. In Fermentiertem sind natürliche Enzyme und lebendige Milchsäurebakterien enthalten, die auch nach einer längeren Lagerzeit im Kühlschrank noch aktiv sind und so für ein gesundes Darmmikrobiom und starke Abwehrkräfte sorgen.

Gemüse-Zoodles mit Kokos-Cashew-Sauce

Für 2 Personen
Zubereitung: 40 Minuten

10 g Ingwer
1 Schalotte
1 kleine rote Chilischote
3 EL Kokosöl
200 ml Kokosmilch (aus der Dose)
1 EL Cashewmus
1 EL Sojasauce
2 EL Limettensaft
300 g Möhren
2 Zucchini (ca. 350 g)
½ Bund Koriandergrün
2 EL Cashewkerne

Nährwerte pro Portion: 625 kcal, 11 g EW, 53 g F, 26 g KH, 9 g BST, 2,5 g MUFS

+ Ingwer und Schalotte schälen und in feine Würfel schneiden. Chilischote putzen, waschen und samt Kernen in feine Ringe schneiden. In einem Topf 1 EL Kokosöl erhitzen, Ingwer, Schalotte und Chili darin bei mittlerer Hitze etwa 2 Minuten dünsten. Kokosmilch dazugeben, aufkochen und etwa 5 Minuten offen köcheln lassen. Cashewmus unterrühren, mit Sojasauce und Limettensaft würzen. Vom Herd ziehen und die Sauce fein pürieren. Bei schwacher Hitze warm halten.

+ Möhren putzen und schälen, Zucchini putzen und waschen. Beide Gemüse mit dem Spiralschneider in spaghettidünne Streifen schneiden. Koriander waschen und trocken schütteln, die Blätter abzupfen und fein hacken. Die Cashewkerne in einer Pfanne ohne Fett bei mittlerer Hitze goldbraun rösten. Vom Herd nehmen, abkühlen lassen und grob hacken.

+ Das restliche Kokosöl in einer Pfanne erhitzen, die Möhrenstreifen darin zugedeckt bei mittlerer Hitze 3 Minuten dünsten. Die Zucchinistreifen hinzufügen, alles salzen und zugedeckt etwa 2 Minuten weiterdünsten. Gemüse-Zoodles mit Kokos-Cashew-Sauce, Cashewkernen und Koriandergrün anrichten.

Die Ernährungs-Docs

Kokosöl besteht zu einem großen Teil aus den natürlich vorkommenden mittelkettigen Fettsäuren (MCT). Diese sind auch in Milch und Milchprodukten enthalten und werden sehr schnell vom Körper aufgenommen, da für ihre Resorption weder Verdauungsenzyme noch Gallensäfte nötig sind. MCTs zeichnen sich durch eine gute Verträglichkeit aus und sind auch bei Verdauungsbeschwerden ideal – zum Beispiel wenn die Darmschleimhaut aufgrund einer Chemotherapie geschädigt ist.

Ofenspargel mit grüner Sauce und Eihäckerle

Für 2 Personen
Zubereitung: 45 Minuten

500 g weißer Spargel
Salz, Pfeffer aus der Mühle
½ TL Piment d'Espelette (ersatzweise Cayennepfeffer)
100 ml Gemüsebrühe
20 g Butter
2 Eier (Größe M)
2 EL gehackte geschälte Mandeln
50 g tiefgekühlte 8-Kräuter-Mischung
½ Bio-Zitrone
1 TL Dijon-Senf
150 g Schmand (24 % Fett)
150 g griech. Joghurt (10 % Fett)

Nährwerte pro Portion: 530 kcal, 19 g EW, 43 g F, 13 g KH, 5 g BST, 3,9 g MUFS

+ Den Backofen auf 200 °C vorheizen. Spargel waschen, schälen, die Enden abschneiden und die Stangen in eine Auflaufform (etwa 30 x 20 cm) legen. Mit Salz, Pfeffer und Piment d'Espelette würzen. Brühe angießen und die Butter in Flöckchen darauf verteilen. Spargel im Ofen auf der zweiten Schiene von unten etwa 30 Minuten garen.

+ Inzwischen die Eier anstechen, in kochendem Wasser etwa 10 Minuten hart kochen, abschrecken und pellen. Mandeln in einer Pfanne ohne Fett bei mittlerer Hitze goldbraun rösten. Vom Herd nehmen und auf einem Teller abkühlen lassen.

+ Für die Sauce die Kräuter antauen lassen. Zitrone heiß waschen, trocken reiben, die Schale fein abreiben und den Saft auspressen. Kräuter, Zitronensaft und -schale sowie Senf in einer Schüssel mit Schmand und Joghurt verrühren. Die grüne Sauce mit Salz und Pfeffer abschmecken.

+ Die Eier grob hacken und mit den gerösteten Mandeln mischen. Den Spargel mit der grünen Sauce anrichten und mit dem Eihäckerle bestreuen. Dazu passen pro Portion 100 g Pellkartoffeln.

Die Ernährungs-Docs

Spargel enthält – ebenso wie Artischocken, Schwarzwurzeln und Lauch – reichlich Inulin. Dieser Ballaststoff ist ein Präbiotikum, das heißt, er dient den nützlichen Darmbakterien als „Futter". Dabei entstehen kurzkettige Fettsäuren, die gegen Entzündungen wirken und bei der Regulierung des Fett- und Zuckerstoffwechsels helfen. Studien haben zudem gezeigt, dass Inulin das Risiko für Diabetes, Bluthochdruck und Dickdarmkrebs senken kann.

Kürbis-Brokkoli-Frittata

Für 2 Personen
Zubereitung: 20 Minuten
Garen: 20–25 Minuten

250 g vorwiegend festkochende Kartoffeln
250 g Hokkaidokürbis
150 g Brokkoliröschen
1 kleine Zwiebel
6 Salbeiblätter
3 EL Olivenöl
Salz, Pfeffer aus der Mühle
3 Eier (Größe M)
50 g Sahne
frisch geriebene Muskatnuss
30 g Bergkäse (am Stück; mind. 45 % Fett i.Tr.)
½ Bund Petersilie

Nährwerte pro Portion: 560 kcal, 23 g EW, 36 g F, 31 g KH, 7 g BST, 3,4 g MUFS

+ Die Kartoffeln schälen, waschen und in etwa 3 mm dicke Scheiben schneiden. Kürbis waschen, entkernen und in etwa 1 ½ cm große Würfel schneiden. Brokkoliröschen waschen und zerkleinern. Zwiebel schälen und in feine Würfel schneiden. Salbeiblätter waschen und gut trocken tupfen.

+ Backofen auf 180 °C vorheizen. Das Olivenöl in einer ofenfesten Pfanne (Ø 24 cm) erhitzen, Zwiebel und Salbeiblätter darin bei mittlerer Hitze etwa 2 Minuten andünsten. Kartoffeln, Kürbis und Brokkoli dazugeben und etwa 2 Minuten mitdünsten, mit Salz und Pfeffer würzen. 50 ml Wasser angießen und alles zugedeckt bei schwacher Hitze etwa 10 Minuten garen.

+ Die Eier mit der Sahne verquirlen, mit Salz, Pfeffer und Muskatnuss würzen. Den Käse raspeln. Die Eiermasse über das Gemüse geben und kurz stocken lassen. Käse darüber verteilen. Frittata im Ofen auf der mittleren Schiene 20 bis 25 Minuten stocken lassen.

+ Petersilie waschen und trocken schütteln, Blätter abzupfen und fein hacken. Frittata aus dem Ofen nehmen, mit Petersilie bestreuen und in Portionsstücke schneiden. Dazu schmeckt grüner Salat.

Die Ernährungs-Docs

Brokkoli enthält den sekundären Pflanzenstoff Glucosinolat. Sobald das Gemüse zerkleinert oder roh zerkaut wird, reagiert Glucosinolat mit dem Enzym Myrosinase – es entsteht Sulforaphan, ein wahrer Wunderstoff: Er schützt vor Krebs und Diabetes und reduziert DNA-Schäden, oxidativen Stress sowie Entzündungen. Gut zu wissen: Sulforaphan wird nur in rohem Brokkoli gebildet. Wollen Sie das Gemüse garen, lassen Sie es nach dem Zerkleinern am besten noch etwas stehen, damit ausreichend Sulforaphan entsteht.

Artischockencreme mit Tofu-Topping

Für 2 Personen
Zubereitung: 25 Minuten

1 Dose Artischockenherzen (250 g Abtropfgewicht)
100 g vorwiegend festkochende Kartoffeln
1 Schalotte
1 Knoblauchzehe
2 EL Olivenöl
½ l Gemüsebrühe
200 g Sojacreme (Sahneersatz auf Sojabasis)
100 g Räuchertofu
20 g gehobelte Mandeln
2 TL Aceto balsamcio
½ TL abgeriebene Bio-Zitronenschale
Salz, Pfeffer aus der Mühle
6 Basilikumblätter

Nährwerte pro Portion: 440 kcal, 17 g EW, 30 g F, 17 g KH, 17 g BST, 16 g MUFS

+ Die Artischockenherzen in ein Sieb abgießen und abtropfen lassen. Kartoffeln schälen, waschen und in Würfel schneiden. Schalotte und Knoblauch schälen, in feine Würfel schneiden und in 1 EL Olivenöl in einem Topf bei mittlerer Hitze andünsten. Artischocken und Kartoffeln dazugeben und etwa 2 Minuten mitdünsten. Die Brühe und die Sojacreme angießen, aufkochen und das Gemüse halb zugedeckt etwa 15 Minuten garen.

+ Den Tofu in feine Würfel schneiden, mit den Mandeln im übrigen Olivenöl in einer Pfanne unter Wenden 2 bis 3 Minuten anrösten. Mit Essig ablöschen und mit Zitronenschale, Salz und Pfeffer würzen.

+ Die Suppe mit dem Stabmixer fein pürieren, mit Salz und Pfeffer abschmecken und in Schalen anrichten. Mit der Tofumischung bestreuen und mit Basilikum garnieren.

Tipp: Verwenden Sie für das Rezept am besten Artischockenherzen, die in Wasser und nicht in Öl eingelegt sind.

Möhrensuppe mit Ingwer-Croûtons

Für 2 Personen
Zubereitung: 30 Minuten

2 Schalotten
1 Knoblauchzehe
200 g Möhren (mit Grün)
20 g Butter
200 g tiefgekühltes Suppengemüse
600 ml Gemüsebrühe
2 EL Schmand (24 % Fett)
Salz, Pfeffer aus der Mühle
1 EL Zitronensaft
75 g tiefgekühlte Erbsen
50 g Dinkelvollkornbrot
10 g Ingwer

Nährwerte pro Portion: 390 kcal, 10 g EW, 22 g F, 30 g KH, 11 g BST, 4 g MUFS

+ Schalotten und Knoblauch schälen und in feine Würfel schneiden. Möhren putzen, waschen und in Scheiben schneiden, etwas Möhrengrün waschen und beiseitelegen.

+ In einem Topf 10 g Butter zerlassen. Schalotten und Möhren darin bei mittlerer Hitze 2 bis 3 Minuten andünsten. Knoblauch und Suppengemüse hinzufügen und etwa 2 Minuten mitdünsten. Mit der Brühe ablöschen, zugedeckt bei mittlerer Hitze etwa 10 Minuten garen. Dann den Topf vom Herd nehmen, Schmand einrühren und die Suppe mit dem Stabmixer fein pürieren. Mit Salz, Pfeffer und Zitronensaft würzen. Erbsen hinzufügen und etwa 5 Minuten ziehen lassen.

+ Das Brot in knapp 1 cm große Würfel schneiden. Ingwer schälen und in sehr feine Würfel schneiden. Die übrige Butter in einer Pfanne erhitzen, die Brotwürfel darin bei mittlerer Hitze 3 bis 5 Minuten goldbraun rösten. Nach etwa 2 Minuten den Ingwer dazugeben und salzen. Die Suppe mit Ingwer-Croûtons und Möhrengrün anrichten.

Bunte Gemüsesuppe mit Gerstenklößchen

Für 2 Personen
Zubereitung: 40 Minuten

300 g Blumenkohl (ohne Strunk)
150 g Möhren
1 kleine Fenchelknolle (ca. 200 g)
1 Zwiebel
2 EL Olivenöl
¾ l Gemüsebrühe
frisch geriebene Muskatnuss
Salz, Pfeffer aus der Mühle
100 g tiefgekühlte Erbsen
125 ml Milch (3,5 % Fett)
10 g Butter
60 g Tsampa (geröstetes Gerstenmehl; aus dem Bioladen)
1 Ei (Größe M)
2 EL Skyr natur (max. 0,5 % Fett)
2 EL gehackte Petersilie

Nährwerte pro Portion: 555 kcal, 22 g EW, 28 g F, 46 g KH, 15 g BST, 6,2 g MUFS

+ Den Blumenkohl putzen, waschen und in Röschen teilen. Die Möhren putzen, schälen und schräg in etwa ½ cm dicke Scheiben schneiden. Den Fenchel putzen, waschen, vierteln und quer in 1 cm breite Stücke schneiden, dabei den Strunk entfernen.

+ Zwiebel schälen, in feine Würfel schneiden und im Olivenöl in einem Topf glasig dünsten. Blumenkohl, Möhren und Fenchel dazugeben, etwa 2 Minuten mitdünsten. Brühe dazugießen, mit Muskatnuss, Salz und Pfeffer würzen. Zugedeckt aufkochen und bei schwacher Hitze etwa 10 Minuten garen. Die Erbsen etwa 2 Minuten vor Ende der Garzeit dazugeben.

+ Inzwischen für die Klößchen Milch, Butter, etwas Salz, Pfeffer und Muskatnuss in einem kleinen Topf aufkochen. Tsampa unter Rühren einstreuen und auf der ausgeschalteten Herdplatte unter Rühren etwa 5 Minuten quellen lassen. In eine Schüssel füllen, Ei und Skyr hinzufügen und gut unterrühren.

+ In einem Topf reichlich Salzwasser aufkochen. Aus der Gerstenmasse 12 kleine Klößchen formen, in das Kochwasser geben und offen bei schwacher Hitze etwa 5 Minuten gar ziehen lassen. Dann mit der Schaumkelle herausheben.

+ Die Gemüsesuppe mit Salz, Pfeffer und Muskatnuss abschmecken und mit den Gerstenklößchen in tiefen Tellern anrichten. Zum Servieren mit der Petersilie bestreuen.

Kartoffel-Kräuter-Suppe mit Krabben

Für 2 Personen
Zubereitung: 45 Minuten

1 dünne Stange Lauch (ca. 150 g)
1 kleine Petersilienwurzel
1 Möhre
200 g vorwiegend festkochende Kartoffeln
1 kleine Zwiebel
1 EL Olivenöl
2 EL Hafergrütze
½ l Gemüsebrühe
Salz, Pfeffer aus der Mühle
1 TL getrockneter Thymian
100 g Sahne
50 g tiefgekühlte 8-Kräuter-Mischung
100 g Nordseekrabbenfleisch

Nährwerte pro Portion: 475 kcal, 18 g EW, 28 g F, 34 g KH, 9 g BST, 4,4 g MUFS

+ Lauch putzen, waschen und in dünne Ringe schneiden. Petersilienwurzel, Möhre und Kartoffeln schälen und klein schneiden. Zwiebel schälen, in feine Würfel schneiden und im Olivenöl in einem Topf bei mittlerer Hitze glasig dünsten. Lauch, Petersilienwurzel, Möhre, Kartoffeln und Hafergrütze dazugeben und etwa 2 Minuten mitdünsten.

+ Die Brühe angießen und aufkochen. Mit Salz, Pfeffer und Thymian würzen und die Suppe zugedeckt bei schwacher Hitze etwa 15 Minuten garen.

+ Vom Herd nehmen, die Sahne einrühren und die Kartoffelsuppe mit dem Stabmixer fein pürieren. Die Kräuter untermischen, mit Salz und Pfeffer abschmecken. Die Krabben in einem Sieb abbrausen und gut abtropfen lassen. Die Suppe in tiefen Tellern anrichten und mit den Krabben bestreuen.

Grüne Gemüsesuppe mit Forelle

Für 2 Personen
Zubereitung: 30 Minuten

150 g Brokkoliröschen
150 g junger Blattspinat
1 Zwiebel
1 Knoblauchzehe
2 EL Olivenöl
450 ml Gemüsebrühe
100 g tiefgekühlte Erbsen
50 g Sahne
Salz, Pfeffer aus der Mühle
1 EL Limettensaft
125 g geräuchertes Forellenfilet (ohne Haut)
2 EL Kürbiskerne

Nährwerte pro Portion: 445 kcal, 27 g EW, 29 g F, 14 g KH, 9 g BST, 6,5 g MUFS

+ Brokkoli putzen, waschen und in kleine Röschen teilen. Spinat verlesen, waschen und gut abtropfen lassen. Zwiebel und Knoblauch schälen, in feine Würfel schneiden und mit dem Brokkoli im Olivenöl in einem Topf bei mittlerer Hitze 2 bis 3 Minuten andünsten.

+ Die Brühe angießen, Erbsen und Spinat dazugeben, aufkochen und zugedeckt bei mittlerer Hitze etwa 5 Minuten garen.

+ Vom Herd nehmen, die Sahne einrühren und die Suppe mit dem Stabmixer sehr fein pürieren. Mit Salz, Pfeffer und Limettensaft abschmecken und in tiefen Tellern anrichten. Das Forellenfilet grob zerzupfen und in die Suppe geben. Mit den Kürbiskernen bestreuen.

Tipp: Statt mit geräuchertem Forellenfilet können Sie die Suppe auch mit Streifen von Hähnchen- oder Putenbrustaufschnitt bestreuen.

Gedämpfter Rosenkohl mit Apfeldip und Matjes

Für 2 Personen
Zubereitung: 30 Minuten

400 g Rosenkohl
Salz
1 Schalotte
20 g Walnusskerne
2 EL Weißweinessig
Pfeffer aus der Mühle
2 EL Olivenöl
100 g Schmand (24 % Fett)
50 g saure Sahne (10 % Fett)
1 TL körniger Senf
½ rotschaliger Apfel (z. B. Topaz)
½ Bund Dill
4 Matjesfilets (à ca. 60 g)

Nährwerte pro Portion: 730 kcal, 31 g EW, 59 g F, 14 g KH, 8 g BST, 12 g MUFS

+ Den Rosenkohl putzen, waschen und halbieren. In einen Topf 2 bis 3 cm hoch Wasser gießen, salzen und zum Kochen bringen. Den Rosenkohl in einen passenden Dämpfeinsatz geben, auf den Topf setzen und mit dem Deckel verschließen. Rosenkohl bei mittlerer Hitze 15 bis 20 Minuten dämpfen.

+ Inzwischen die Schalotte schälen und in feine Würfel schneiden. Die Walnüsse hacken. Essig, Salz, Pfeffer und Olivenöl verquirlen, Schalottenwürfel und Nüsse untermischen.

+ Für den Dip den Schmand mit saurer Sahne, Senf, Salz und Pfeffer verrühren. Apfelhälfte waschen, entkernen, in feine Würfel schneiden und sofort unter den Schmand rühren. Den Dill waschen und trocken schütteln, die Spitzen abzupfen und – bis auf einige zum Garnieren – hacken und untermischen.

+ Den Rosenkohl auf Teller geben und mit der Nussvinaigrette beträufeln. Jeweils 2 Matjesfilets und den Apfeldip daneben anrichten. Mit Dill garnieren. Dazu passt pro Person 1 Scheibe Pumpernickel.

Die Ernährungs-Docs

Wer regelmäßig Äpfel isst, hält nicht nur sprichwörtlich den Doktor fern, sondern kann auch sein Krebsrisiko mindern. Verantwortlich dafür sind vor allem reichlich Vitamin C, der unverdauliche Ballaststoff Pektin sowie Quercetin, eine bioaktive Substanz aus der Familie der Flavonoide, die Entzündungen im Körper vorbeugt. Als starkes Antioxidans schützt Quercetin vor Zellschäden und kann das Wachstum von Krebszellen beeinflussen. Es steckt – ebenso wie Vitamin C – vor allem in der Schale der Äpfel.

Lachs mit Nusskruste auf Zucchinigratin

Für 2 Personen
Zubereitung: 35 Minuten

400 g Zucchini
2 Knoblauchzehen
3 Zweige Thymian
4 EL Olivenöl
250 ml passierte Tomaten (aus dem Tetrapak)
100 ml Gemüsebrühe
Salz, Pfeffer aus der Mühle
2 Lachsfilets (ohne Haut; à ca. 150 g)
20 g Cashewkerne
20 g Mandelkerne
30 g Vollkornsemmelbrösel (möglichst Dinkel)
1 EL Butter
1 TL Zitronensaft
2 Bio-Zitronenspalten

Nährwerte pro Portion: 730 kcal, 40 g EW, 55 g F, 16 g KH, 6 g BST, 9,8 g MUFS

+ Die Zucchini putzen, waschen und in etwa ½ cm dicke Scheiben schneiden. Knoblauch schälen und in feine Würfel schneiden. Thymian waschen und trocken schütteln, die Blättchen abstreifen und hacken.

+ Backofen auf 200 °C vorheizen. In einer Pfanne 2 EL Olivenöl erhitzen, Knoblauch und Thymian darin bei mittlerer Hitze etwa 1 Minute andünsten. Tomaten und Brühe dazugeben, mit Salz und Pfeffer würzen und etwa 5 Minuten offen köcheln lassen. Zwei Drittel der Sauce in eine eckige Auflaufform (etwa 20 x 30 cm) geben. Zucchini dachziegelartig einschichten, mit Salz und Pfeffer würzen und die restliche Tomatensauce darüberträufeln. Das Gratin im Ofen auf der mittleren Schiene etwa 25 Minuten backen.

+ Lachsfilets waschen und trocken tupfen. Cashewkerne und Mandeln fein hacken und mit Semmelbröseln, übrigem Olivenöl, Butter und Zitronensaft mischen. Die Masse mit Salz und Pfeffer würzen und auf die Lachsfilets streichen. Etwa 10 Minuten vor Ende der Backzeit den Lachs auf das Zucchinigratin setzen und zu Ende garen. Lachs und Gratin auf Tellern anrichten und mit je 1 Zitronenspalte garnieren.

Die Ernährungs-Docs

Wussten Sie, dass Cashewkerne mit fast 20 Prozent Eiweiß als pflanzliche Proteinlieferanten gleich nach Hülsenfrüchten an zweiter Stelle stehen? Das Eiweiß aus Cashewkernen ist überdies ein sehr hochwertiges, denn es enthält jede Menge Tryptophan. Aus dieser Aminosäure wird im Körper das Gute-Laune-Hormon Serotonin hergestellt. Wichtig dafür ist, dass bei einer Mahlzeit Eiweiß und Kohlenhydrate zusammen aufgenommen werden, und genau diese Kombination finden Sie in diesem Rezept.

Fisch-Gemüse-Päckchen

Für 2 Personen
Zubereitung: 20 Minuten
Garen: 15 Minuten

300 g Möhren
1 Bund Frühlingszwiebeln
2 EL Olivenöl
Salz, Pfeffer aus der Mühle
3 TL Zitronensaft
4 Stiele Estragon
2 Rotbarschfilets (à ca. 180 g)
50 g schwarze Oliven
(z. B. Kalamata; ohne Stein)
4 TL Butter

Nährwerte pro Portion: 500 kcal, 35 g EW, 30 g F, 18 g KH, 9 g BST, 3,4 g MUFS

+ Die Möhren putzen, schälen und in feine Stifte (Julienne) schneiden. Die Frühlingszwiebeln putzen und waschen, das Weiße und Hellgrüne schräg in etwa 3 cm breite Stücke schneiden.

+ Olivenöl in einer Pfanne erhitzen, Möhren darin bei mittlerer Hitze etwa 2 Minuten dünsten. Frühlingszwiebeln dazugeben und etwa 3 Minuten mitdünsten. Mit Salz, Pfeffer und 1 TL Zitronensaft würzen. Gemüse vom Herd nehmen. Estragon waschen und trocken schütteln, Blätter abzupfen und grob hacken, unter das Gemüse mischen.

+ Backofen auf 200 °C vorheizen. Den Fisch waschen, trocken tupfen und jeweils quer halbieren, sodass 4 Stücke entstehen. Auf beiden Seiten mit Salz und Pfeffer würzen und mit dem übrigen Zitronensaft beträufeln. Die Oliven in dünne Ringe schneiden.

+ Zwei Bögen Backpapier (à etwa 42 x 38 cm) auslegen und das Gemüse mittig darauf verteilen. Je 2 Fischstücke darauflegen und mit Oliven bestreuen. Die Butter in Flöckchen daraufgeben. Das Papier jeweils über dem Fisch zu einem Päckchen zusammenfalten, die Seiten wie bei einem Bonbon verdrehen und mit Küchengarn zubinden. Päckchen auf ein Backblech setzen und im Ofen auf der zweiten Schiene von unten etwa 15 Minuten garen. Herausnehmen und bei Tisch öffnen. Dazu passen pro Portion 2 Scheiben Vollkornbaguette.

Die Ernährungs-Docs

Der gesunde Effekt von Olivenöl „extra vergine" beruht auf verschiedenen Inhaltsstoffen. Zu den guten inneren Werten von Oliven zählen zum Beispiel die Ölsäure, eine einfach ungesättigte Fettsäure, und zahlreiche sekundäre Pflanzenstoffe wie Polyphenole. Aus dieser Gruppe stammt auch das Hydroxythyrosol, das als einer der stärksten Zellschützer in der Natur gilt und selbst das antioxidative Potenzial von grünem Tee um ein Vielfaches übertrifft.

Hähnchenfilets mit Kohlrabi-Kresse-Gemüse

Für 2 Personen
Zubereitung: 35 Minuten

2 Hähnchenbrustfilets (à ca. 180 g)
2 EL Olivenöl
½ TL edelsüßes Paprikapulver
Salz
500 g kleine Kohlrabi (mit Grün)
20 g Butter
100 ml Gemüsebrühe
Pfeffer aus der Mühle
½ TL abgeriebene Bio-Zitronenschale
1 TL Zitronensaft
100 g griech. Sahnejoghurt (10 % Fett)
1 TL Johannisbrotkernmehl
½ Beet Kresse

Nährwerte pro Portion: 470 kcal, 48 g EW, 26 g F, 9 g KH, 4 g BST, 2,4 g MUFS

+ Backofen auf 180 °C vorheizen. Die Hähnchenfilets waschen und trocken tupfen. Olivenöl mit Paprikapulver und etwas Salz verrühren, Fleisch damit rundum bestreichen und in einer Pfanne bei mittlerer bis starker Hitze auf jeder Seite etwa 3 Minuten hellbraun anbraten. Fleisch herausnehmen, auf eine ofenfeste Platte legen und auf dem Rost im Ofen auf der mittleren Schiene etwa 15 Minuten fertig garen.

+ Inzwischen Kohlrabi putzen, schälen und in etwa 1 cm breite Spalten schneiden. Die Blätter waschen und in feine Streifen schneiden. Kohlrabispalten in der Butter bei mittlerer Hitze etwa 3 Minuten andünsten. Mit Brühe ablöschen, mit Salz, Pfeffer und Zitronenschale würzen und zugedeckt bei mittlerer Hitze 8 bis 10 Minuten dünsten. Etwa 1 Minute vor Ende der Garzeit das Kohlrabigrün dazugeben. Das Gemüse mit Zitronensaft abschmecken. Vom Herd nehmen. Joghurt mit Johannisbrotkernmehl verrühren und unter das Gemüse rühren.

+ Hähnchenfilets aus dem Ofen nehmen, mit dem Kohlrabi anrichten und mit der Kresse bestreuen. Dazu passen pro Portion 1 Scheibe Dinkelvollkornbrot (à 50 g) oder 100 g Pellkartoffeln.

Die Ernährungs-Docs

Weil er fast doppelt so viel Eiweiß und knapp zehn Prozent mehr Fett als Naturjoghurt enthält, ist griechischer Joghurt das perfekte Muskelfood. Zudem versorgt er den Körper mit reichlich Kalzium und Milchsäurebakterien. Diese gelten als Beschützer des Darms, allen voran Lactobacillus und Bifidobakterien. Sie siedeln sich im Dickdarm an, stärken das Darmmikrobiom und regulieren die Verdauung. Damit legen sie den Grundstein für einen gesunden Darm und ein starkes Immunsystem.

Ofengemüsesalat mit Thunfischfrikadellen

Für 2 Personen
Zubereitung: 30 Minuten
Garen: 30 Minuten

5 Schalotten
2 Knoblauchzehen
1 kleine Zucchini (ca. 150 g)
1 rote Paprikaschote
200 g kleine festkochende Kartoffeln (z. B. Drillinge)
1 Zweig Rosmarin
Salz, Pfeffer aus der Mühle
4 EL Olivenöl
1 Dose Thunfisch naturell (130 g Abtropfgewicht; aus nachhaltiger Fischerei)
2 EL zarte Haferflocken
1 Ei (Größe M)
1 TL mittelscharfer Senf
1 ½ EL Rotweinessig
einige Basilikumblätter

Nährwerte pro Portion: 465 kcal, 27 g EW, 24 g F, 30 g KH, 6 g BST, 3 g MUFS

+ Backofen auf 200 °C vorheizen. Schalotten schälen, 1 Schalotte beiseitelegen, die restlichen längs halbieren. Knoblauch schälen und in Scheiben schneiden. Zucchini putzen, waschen und in etwa 2 cm dicke Scheiben schneiden. Paprika längs halbieren, entkernen, waschen und in mundgerechte Stücke schneiden. Kartoffeln waschen und dritteln. Rosmarin waschen, trocken tupfen, Nadeln abzupfen und fein hacken. Alle vorbereiteten Zutaten in einer Schüssel mit Salz, Pfeffer und 2 EL Olivenöl mischen. Auf einem Backblech verteilen und im Ofen auf der mittleren Schiene etwa 30 Minuten garen.

+ Inzwischen den Thunfisch abtropfen lassen und zerpflücken. Die übrige Schalotte in feine Würfel schneiden. Beides mit Haferflocken, Ei und Senf gut mischen, mit Salz und Pfeffer würzen. Aus der Masse mit angefeuchteten Händen 4 Frikadellen formen und 10 Minuten ruhen lassen. Dann 1 EL Olivenöl in einer Pfanne erhitzen und die Frikadellen darin bei mittlerer Hitze auf jeder Seite 3 bis 4 Minuten braten.

+ Gemüse aus dem Ofen nehmen, mit Essig und restlichem Öl beträufeln. Mit Salz und Pfeffer würzen und leicht abkühlen lassen. Den Salat mit Thunfischfrikadellen anrichten und mit Basilikum bestreuen.

Die Ernährungs-Docs

Der Geschmack von Knoblauch und Zwiebeln beruht auf ihrem hohen Gehalt an Schwefelverbindungen (Sulfiden) wie Allicin (Knoblauch) und Thiosulfinaten (Zwiebeln). Diese stark riechenden Inhaltsstoffe haben einen krebshemmenden Effekt, sind aber leider sehr instabil. Damit sich ihre Wirkung entfalten kann, sollte man Knoblauch und Zwiebeln am besten roh verzehren. Es empfiehlt sich, Knoblauch zum Kochen fein zu schneiden oder zu würfeln, da beim Pressen mehr Sulfide austreten.

Pikante Putenschnitzel mit Rote-Bete-Stampf

Für 2 Personen
Zubereitung: 45 Minuten

250 g vorwiegend festkochende Kartoffeln
250 g Rote Beten
Salz
2 Putenschnitzel (à ca. 175 g)
Pfeffer aus der Mühle
2 EL Dinkelmehl (Type 1050)
1 Bio-Zitrone
1 EL Kapern (aus dem Glas)
½ Bund Petersilie
50 g Butter
frisch geriebene Muskatnuss
2 EL Rapsöl

Nährwerte pro Portion: 530 kcal, 15 g EW, 35 g F, 35 g KH, 5 g BST, 4,3 g MUFS

+ Kartoffeln und Rote Beten schälen, die Kartoffeln in grobe Stücke, die Roten Beten in kleine Würfel schneiden (dabei Einweghandschuhe tragen, weil die Knollen stark färben). Beides mit Salzwasser bedeckt aufkochen und zugedeckt bei mittlerer Hitze etwa 20 Minuten garen.

+ Inzwischen die Putenschnitzel waschen, trocken tupfen, mit Salz und Pfeffer würzen und im Mehl wenden. Zitrone heiß waschen, trocken reiben, die Schale mit einem Juliennereißer in feinen Streifen abziehen (oder in großzügigen Streifen abschälen und in feine Streifen schneiden). Die Kapern abtropfen lassen. Petersilie waschen und trocken schütteln, die Blätter abzupfen und fein hacken.

+ Das Gemüse abgießen, 20 g Butter dazugeben und alles mit dem Kartoffelstampfer grob zerstampfen. Mit Salz, Pfeffer und Muskatnuss würzen. Den Rote-Bete-Stampf zugedeckt warm halten.

+ Das Rapsöl in einer Pfanne erhitzen. Die Schnitzel darin bei mittlerer bis starker Hitze auf jeder Seite etwa 2 Minuten braten, herausnehmen und warm halten. Die übrige Butter in der Pfanne aufschäumen lassen, Zitronenschale, Kapern und Petersilie dazugeben. Die Schnitzel mit der Kapern-Zitronen-Sauce und dem Stampf anrichten.

Die Ernährungs-Docs

Das stickstoffhaltige Glukosid Betanin und Anthocyane, die stark antioxidativ wirken, verleihen der Roten Bete ihre typische intensive Farbe. Außerdem steckt die erdige Knolle voller wichtiger Vitamine und Mineralstoffe wie Vitamin C, Magnesium, Kalzium und Eisen. Sie ist zudem ein Top-Lieferant für Folsäure (Vitamin B9), die für die Bildung von neuen Zellen verantwortlich ist und Eisenmangel vorbeugt, da sie die Bildung von roten Blutzellen fördert.

Kleine Gute-Nacht-Mahlzeit

Gute Nachrichten für späte Naschkatzen: Warme Milch mit Honig oder schlummerfreundliche Snacks mit Hüttenkäse, Banane und Nüssen sind vor dem Zubettgehen erlaubt. Sie fördern einen entspannten Schlaf und wirken stimmungsaufhellend und spannungslösend.

Beeren-Hüttenkäse

Für 2 Personen: **300 g körnigen Hüttenkäse (mind. 20 % Fett i.Tr.)** mit **1 TL flüssigem Honig** verrühren und auf zwei Schalen verteilen. **Je 50 g Blau- und Himbeeren** verlesen, kurz abbrausen, abtropfen lassen. **20 g Walnusskerne** hacken. Die Beeren auf den Hüttenkäse geben und mit den Nüssen bestreuen.

Nährwerte pro Portion: 260 kcal,
21 g EW, 14 g F, 11 g KH, 3 g BST, 5,5 g MUFS

Bananen-Kokos-Shake

Für 2 Personen: **1 Banane (ca. 150 g)** schälen und grob in Stücke schneiden. Mit **1 Dose ungesüßter Kokosmilch (160 ml), 100 ml Milch (3,5 % Fett), 2 TL Limettensaft** und **1 TL flüssigem Honig** in einen hohen Rührbecher geben und mit dem Stabmixer fein pürieren. Den Shake in zwei Gläser füllen und mit **1 EL Kokosraspeln** bestreuen.

Nährwerte pro Portion: 310 kcal,
4 g EW, 24 g F, 21 g KH, 3 g BST, 0,4 g MUFS

Mandelsüppchen mit Vanille

Für 2 Personen: **200 ml Milch (3,5 % Fett), 200 ml ungesüßten Mandeldrink, 50 g helles Mandelmus** und **¼ TL gemahlene Vanille** in einem Topf unter Rühren langsam aufkochen und offen bei schwacher Hitze etwa 5 Minuten köcheln. Vom Herd nehmen, **2 EL flüssigen Honig** einrühren. Die Suppe auf zwei Schalen verteilen und mit **1 EL gerösteten Mandelblättchen** bestreuen.

Nährwerte pro Portion: 300 kcal, 9 g EW, 22 g F, 16 g KH, 1 g BST, 3,7 g MUFS

Good Night Balls

Für 10 Stück: **2 Datteln (z. B. Medjool; 40 g)** entsteinen und klein schneiden. **30 g Cashewkerne** fein hacken. Beides mit **30 g gemahlenen Mandeln, 30 g zarten Haferflocken, 1½ TL Kakaopulver (schwach entölt)** und **2 bis 3 EL ungesüßtem Sojadrink** in einen hohen Rührbecher geben und mit dem Stabmixer fein pürieren. Aus der Dattel- Nuss-Masse 10 gleich große Kugeln formen und zugedeckt im Kühlschrank aufbewahren. Die Bällchen halten sich etwa 10 Tage.

Nährwerte pro Stück: 60 kcal, 2 g EW, 3 g F, 5 g KH, 1 g BST, 0,7 g MUFS

Speisen mit Fett aufpeppen

Essen Sie fettreich – so nehmen Sie auch mit kleinen Portionen ausreichend Energie auf, besonders wenn Sie unter Appetitlosigkeit oder Unwohlsein leiden. Zudem können Fettsäuren von den Tumorzellen nicht oder nur gering als Energiequelle genutzt werden.

Stellen Sie Ihre Ernährung behutsam auf fettreich um und steigern Sie die Fettmenge langsam, wenn Sie es bisher nicht gewohnt waren. Doch Achtung: Das heißt nicht, dass Sie ab jetzt fettiges Fast Food wie Pizza, Pommes und Kuchen in sich reinstopfen sollen. Wichtig ist, dass Sie Ihre Fettaufnahme mit gesunden Lebensmitteln steigern. Reichern Sie Gerichte mit hochwertigen Pflanzenölen an, greifen Sie zu Nüssen und Samen und essen Sie öfter fettreichen Fisch.

Kalte Gerichte fettreich zubereiten

- Vollfette Milchprodukte, besonders in gesäuerter Form wie Joghurt, Dickmilch, Kefir oder Quark, verwenden. Auch Schmand, Sahne oder Crème fraîche sind in Maßen erlaubt.

!

Auf die richtige Verwendung kommt es an

Für den täglichen Gebrauch sind zweierlei Öle empfehlenswert: kalt gepresste Öle, die reichlich gesunde Omega-3-Fettsäuren enthalten, wie Lein-, Hanf- oder Walnussöl. Diese sollte man nur für kalte Speisen wie Salate, Dressings und Dips verwenden oder erst nach der Zubereitung etwa über gegartes Gemüse träufeln oder in die Suppe rühren. Öle mit einem hohen Anteil an einfach ungesättigten Fettsäuren wie helles Sesam-, Oliven- oder Rapsöl vertragen auch hohe Temperaturen und eignen sich zum Kochen und Braten. Die Struktur dieser Öle verändert sich beim Erhitzen nicht.

- Vegetarische oder vegane Alternativen wie Haferdrink, Kochcremes oder pflanzlicher Sahneersatz enthalten meist nur halb so viel Fett wie herkömmliche Milchprodukte. Ein Schuss Öl, z. B. Oliven- oder Leinöl, macht die Veggieprodukte fettreicher.
- In den Frühstücksquark am Morgen zusätzlich noch etwas Leinöl (Seite 70) rühren oder das Müsli mit Sahne oder Kokosmilch anreichern, damit es besser „rutscht".
- Brot oder Brötchen üppig mit Nuss- oder Mandelmus bestreichen.
- Avocado ist enorm wandelbar: Sie lässt sich pur aus der Schale löffeln, süß oder herzhaft zubereiten, sie passt in Pesto (Seite 122), Salat (Seite 146), Smoothies (Seite 80) oder Mousse (siehe rechts).
- Salate mit reichlich gutem Öl wie Raps- oder Olivenöl anmachen und mit eingelegten Tomaten, Oliven oder Käsewürfeln genießen. Auch Nüsse und Kerne als Topping liefern wertvolle Energie.
- Zwischendurch eine Handvoll Nüsse, Mandeln oder Kerne knabbern.
- Hochwertige Pflanzenöle in Ölen oder Nussmusen peppen Smoothies und Drinks mit mehrfach ungesättigten Fettsäuren auf.
- Ein Pesto aus Basilikum, Pinienkernen und Olivenöl mixen. Oder für einen Aufstrich eingelegte Paprikaschoten mit Olivenöl und Walnüssen pürieren.

Warme Speisen fettreich aufwerten

- Wenn Sie Familie und Freunde bekochen, müssen Sie für sich keine „Extrawurst braten". Nehmen Sie vor dem Servieren eine Portion ab und fügen Sie noch Butter, Öl oder Sahne hinzu.

- Butter eignet sich zum Anbraten und Dünsten von Gemüse, Fisch und Geflügel bei mittlerer Hitze. Zum Braten, z. B. von Bratkartoffeln, besser Ghee (geklärte Butter aus der ayurvedischen Heillehre), Butterschmalz oder natives Kokosöl nehmen.
- Kokosmilch rundet Asiagerichte wie Currys oder Wokpfannen gehaltvoll und mit exotischer Note ab.
- Kartoffelpüree oder Suppen kann man mit Avocadofleisch fettreich aufwerten. Aber bitte nicht mitkochen, sonst schmeckt's bitter!
- Geröstete Nüsse (Walnüsse, Erdnüsse oder Cashewkerne) als Topping über Gemüsegerichte streuen oder Saucen mit Nuss- oder Mandelmus aufwerten.
- Regelmäßig fettreichen Kaltwasserfisch wie Makrele (Seite 134), Lachs (Seite 168), Hering oder Thunfisch (Seite 174) essen – sie sind reich an natürlichen Omega-3-Fettsäuren.
- Kaffee und Tee mit Sahne trinken und sich ab und zu einen Bulletproof Coffee (siehe rechts) zum Frühstück genehmigen.

Avocado-Schoko-Mousse

Für 2 Personen: **1 Avocado** halbieren und den Kern entfernen, Fruchtfleisch mit einem Löffel aus der Schale heben, mit **20 g Kakaopulver (schwach entölt)** in einen hohen Rührbecher geben. **30 g Zartbitterschokolade (mind. 70 % Kakaoanteil)** hacken und über dem heißen Wasserbad schmelzen. Flüssige Schokolade, **3 EL Sahne oder Sojacreme** und **½ TL gemahlene Vanille** zur Avocado geben und alles mit dem Stabmixer kräftig durchmixen. Die Mousse nach Belieben in Nocken anrichten mit **je 1 EL gehackten Pistazienkernen** bestreuen.

Bulletproof Coffee

Für 1 Person: **250 ml frisch gekochten Kaffee, 1 EL natives Kokosöl, 1 EL Bio-Weidebutter** und **50 ml ungesüßten Sojadrink** in den Mixer geben und etwa 20 Sekunden mixen, bis eine homogene und cremige Flüssigkeit entstanden ist. In eine Tasse oder ein Glas füllen und sofort genießen.

Gerichte mit Eiweiß aufwerten

In der Nahrung enthaltene Proteine liefern lebensnotwendige Aminosäuren, die den Zellen als Bau- und Reparaturstoff dienen und bei vielen Stoffwechselprozessen mitwirken. Auch an der Bildung von Abwehrzellen sind sie beteiligt: Nur wenn diese ausreichend vorhanden sind, können sie Tumorzellen abwehren und abtöten.

Um auf die empfohlene Menge von mindestens 1,2 bis 1,5 Gramm Eiweiß pro Kilogramm Körpergewicht am Tag zu kommen (das entspricht 84 bis 105 Gramm Eiweiß bei einem Körpergewicht von 70 Kilogramm!), müssen Sie jede Menge proteinreiche Lebensmittel essen. Reichlich wertvolles Eiweiß liefern tierische Lebensmittel wie Fisch, Fleisch, Eier und Milchprodukte. Aber auch „grüne" Proteine aus Pflanzen wie Hülsenfrüchten (Linsen, Kichererbsen, Lupinen), Samen (Hanf, Leinsamen), Nüssen, Getreide (Hafer, Hirse) und Pseudogetreide wie Quinoa und Buchweizen, Pilze und vegetarischer Fleischersatz spielen bei der Eiweißversorgung eine wichtige Rolle.

!

Wussten Sie, dass ...

... Eiweiße aus tierischen Quellen dem menschlichen ähnlicher und deshalb für uns leichter zu verwerten sind als pflanzliche Proteine?
... man mit tierischen Proteinlieferanten aber mehr ungesunde Fette aufnimmt, die sich stärker auf den Cholesterinspiegel auswirken und Herz-Kreislauf-Erkrankungen fördern können?
... die Kombination von tierischen und pflanzlichen Proteinquellen (wie zum Beispiel Pellkartoffeln mit Quark) die Nährstoffzusammensetzung der Speisen und deren biologische Wertigkeit verbessert? Die biologische Wertigkeit beschreibt, wie effizient der Körper Nahrungseiweiß nutzen kann, um körpereigenes Protein zu bilden.

Kalte Speisen proteinreich zubereiten

- Eiweißreiche Drinks mit Quark, Hüttenkäse, Skyr oder Joghurt mixen, dabei Obst, Gemüse und Gewürze nach Geschmack dazugeben.
- Smoothies mit geschmacksneutralem Eiweißpulver, Süßlupinenmehl, Soja- oder Haferflocken (noch) reichhaltiger machen.
- Brote dick mit Quark, Frischkäse (Seite 94) oder Schmand statt mit Butter bestreichen. Und mit Gemüse, Obst oder Nüssen belegen - so erhalten Sie zusätzlich wichtige Vitamine und gesunde Fette.
- Aufstriche und Dips auf der Basis von eiweißreichen Hülsenfrüchten wie Linsen (Seite 99), Kichererbsen oder Tofu in größeren Mengen auf Vorrat für die Brotzeit zubereiten.
- Zu jeder Mahlzeit, auch zwischendurch, Eiweißhaltiges wie Joghurt, Quark oder Dickmilch (ohne Zucker und Zusatzstoffe!) löffeln oder ein paar Käsewürfel naschen.
- Fürs Müsli öfter mal zu Süßlupinenprodukten wie „Milch", „Joghurt" oder Flocken greifen - sie sind eine sehr gute Eiweißquelle.
- Salate mit hart gekochtem Ei (Seite 146), Mozzarella (Seite 110), Dosenthunfisch, Garnelen, Matjes oder Geflügel kombinieren.
- Die klassische Essig-Öl-Vinaigrette zur Abwechslung durch ein Dressing mit gesäuerten Milchprodukten wie Joghurt, saure Sahne, Schmand oder Crème fraîche ersetzen.
- Knusprig gebratene Tofuwürfel oder geröstete Haferflocken ergänzen Rohkost und Salate mit hochwertigem Eiweiß.

Warme Speisen proteinreich zubereiten

- Fleisch- oder Fischmahlzeiten mit eiweißreichen Lebensmitteln oder Beilagen (wie Hülsenfrüchte, Kartoffeln, Quinoa, Hafer, Linsenpasta) aufwerten.
- Eier in allen Variationen – Rührei, Spiegelei, gekochtes Ei, Eier zum Binden von Saucen oder Suppen – regelmäßig auf den Speiseplan setzen.
- Sojaflocken oder Eiweißpulver in Suppen, Saucen, Brühen oder leicht erwärmte Gemüsesäfte rühren: Das erhöht die Proteinaufnahme.
- Tofugehacktes, gewürzt und gebraten, lässt sich super in Saucen, Suppen oder Gemüsepfannen (Seite 126) verarbeiten.
- Süßlupinen- und Sojaprodukte wie Lupinenfilet, Frikadellen, Räuchertofu oder Tempeh sind ein wertvoller Fleischersatz.
- Ein Eintopf oder ein Püree aus Hülsenfrüchten wie Linsen oder Edamame in der Bowl sind Top-Eiweißquellen. Auf die Bekömmlichkeit achten! Rote Linsen sind geschält oft besser verträglich.

Fluffiger Beerenquark

Für 2 Personen: **2 Eiweiße** mit **1 Prise Salz** steif schlagen. **250 g Magerquark, 2 EL Zitronensaft** und **2 TL flüssigen Honig** verrühren und den Eischnee vorsichtig unterheben. Auf zwei Schalen verteilen, mit **100 g Blaubeeren** und **2 EL kernigen Haferflocken** bestreuen und mit **Zimtpulver** bestäuben.

Lupinen-Erdbeer-Smoothie

Für 1 Portion: **100 g Erdbeeren** waschen und putzen, mit **1 TL Zitronensaft, 150 ml ungesüßtem Lupinendrink** und **2 TL Ahornsirup** in einem hohen Rührbecher fein pürieren. **2 EL Süßlupinenmehl** unterrühren. Den Smoothie in ein Glas füllen und sofort genießen.

Kohlenhydrate einschränken

Krebszellen mögen Zucker besonders gern. Wenn Sie die Kohlenhydrate, allen voran die leicht verdaulichen, in der täglichen Nahrung stark reduzieren, können Tumorzellen nicht mehr genügend Milchsäure bilden. Das heißt: Sie existieren zwar weiter, können aber nur noch weniger zerstörerisch wachsen.

Kohlenhydrate stecken in allen pflanzlichen Lebensmitteln – in Kartoffeln, Gemüse und Obst, in Reis, Nudeln und Brot – und als leicht verdauliche Kohlenhydrate in Süßigkeiten, Kuchen und Softdrinks. Bei einer Krebserkrankung ist es sinnvoll, den Kohlenhydratanteil auf maximal 45 Prozent der täglichen Energiezufuhr zu begrenzen, um starke Blutzuckerschwankungen und somit hohe Insulinausschüttungen zu vermeiden. Dazu müssen Sie weder hungern noch auf kleine Naschereien verzichten. Reduzieren Sie gewöhnlichen Zucker, Stärke oder Mehl aus Getreide und Getreideprodukten (wie Gebäck, Brot und Nudeln), setzen Sie auf Vollkorn und erhöhen Sie gleichzeitig den Fett- und Eiweißanteil in Ihrer Ernährung.

!

Auf versteckte Zucker achten

Zucker steckt nicht nur in Süßem, sondern auch in herzhaften Produkten wie Konserven, Würzsaucen und Fertiggerichten. Um die tägliche Zuckermenge im Auge zu behalten, sollten Sie bei abgepackten Lebensmitteln die Angaben auf der Verpackung genau studieren. Oftmals wird ein Produkt mit dem Aufdruck „ohne Zusatz von Zucker" beworben. Das bedeutet aber nicht, dass kein Zucker zugesetzt wurde, denn er hat über 50 (!) verschiedene Namen: Raffinose, Glukosesirup, Saccharose, Süßmolkenpulver, Maltose und mehr. Orientieren Sie sich an der aufgedruckten Nährwerttabelle. Da ist der Zuckergehalt genau aufgeführt.

Zucker in kalten Speisen einsparen

- Fruchtjoghurt ist eine wahre Zuckerbombe! Alternativ Naturjoghurt essen und mit frischem Obst „süßen". Dazu etwas Leinsamen, Sahne oder hochwertiges Öl – das bremst den Blutzuckeranstieg aus.
- Ob fürs Müsli oder für Desserts: Bevorzugen Sie Obstsorten mit wenig Fruchtzucker wie Beeren, Papayas, säuerliche Äpfel oder Zitrusfrüchte. Süßes Obst wie Bananen, Ananas oder Weintrauben nur in Maßen verwenden.
- Statt Marmelade oder Konfitüre einen Fruchtaufstrich mit weniger Zucker aufs Brot streichen.
- In Konserven und Gläsern mit Obst oder Gemüse wie Ananas, Rotkohl oder Gurken versteckt sich viel Zucker, auch in fertigen Salatsaucen. Lieber frische Früchte dünsten, Gemüse wie Kohl einlegen (Seite 152) und Dressings selbst mixen.
- Obst essen statt trinken! Isst man die ganze Frucht samt den sättigenden Ballaststoffen, nimmt man viel weniger Fruchtzucker auf als mit einem Glas Apfel- oder Orangensaft.
- Zum Frühstück häufig Haferflocken ins Müsli oder den Porridge geben oder Vollkornbrot essen – je nach Bekömmlichkeit mit Körnern oder fein vermahlen. Beides enthält komplexe Kohlenhydrate, die nur langsam resorbiert werden und ins Blut gelangen.
- Schokolade mit einem hohen Kakaoanteil von mindestens 70 Prozent naschen. Darin steckt viel weniger Zucker als in Milchschokolade.
- Aromatische Gewürze wie Zimt, Vanille, Chili, Kardamom, Koriander oder Nelken zum Verfeinern von Süßspeisen nehmen – sie dämpfen den Süßhunger.

Zucker in warmen Speisen einsparen

- Kaffee oder Tee schrittweise weniger süßen – irgendwann wird Ihnen der Zucker nicht mehr fehlen.
- Am besten auf Produkte aus dem vollen Korn setzen: Nudeln, ungeschälter Reis, Hafer, Grünkern, Buchweizen, Hirse und Quinoa liefern reichlich Ballaststoffe und stecken voller komplexer Kohlenhydrate.
- Gemüse wie Süßkartoffeln, Mais, Kartoffeln und Pastinaken gehören zu den kohlenhydratreichen Sorten – daher nur in Maßen essen.
- Haferflocken, Kichererbsenmehl, Sojaflocken und Leinsamenschrot liefern „gute" Kohlenhydrate und eignen sich statt Weißmehl oder Speisestärke prima als Bindemittel in Suppen, Brühen und Saucen, für Bratlinge oder Falafel.
- Wer selbst bäckt, kann die im Rezept angegebene Zuckermenge etwa um ein Drittel reduzieren. Kuchen und Gebäck schmecken auch weniger süß!
- Beim Kuchenbacken anstelle von Zucker stärkereiche Gemüse wie Möhren, Rote Bete, Kartoffeln oder Pastinaken verwenden.

Blaubeer-Chia-Aufstrich

Für 1 Glas (à ca. 200 ml): **250 g tiefgekühlte Wildheidelbeeren** auftauen und in einem Topf einmal kurz aufkochen lassen. Vom Herd nehmen, Beeren pürieren und lauwarm abkühlen lassen. **20 g Chiasamen**, **1 EL Ahornsirup** und **½ TL gemahlene Vanille** unterrühren. In ein Schraubglas füllen, verschließen und mindestens 2 Stunden, am besten über Nacht, im Kühlschrank quellen lassen oder portionsweise einfrieren.

Möhren-Hafer-Cookies

Für 12 Stück: Den Backofen auf 180 °C vorheizen. **120 g Möhren** putzen, schälen, raspeln und mit **100 g Dinkelvollkornmehl**, **80 g zarten Haferflocken**, **1 TL Weinstein-Backpulver**, **½ TL Zimtpulver** und **1 Prise Salz** mischen. **40 g Ahornsirup**, **100 ml Rapsöl** und **1 Ei (Größe M)** in einer Schüssel verrühren, die Möhrenmischung unterrühren. **40 g Walnusskerne** grob hacken, **2 Datteln** entkernen und würfeln, beides unter den Teig heben. Den Teig in esslöffelgroßen Portionen auf ein mit Backpapier belegtes Backblech setzen und flach drücken. Im Ofen auf der mittleren Schiene 15 bis 20 Minuten goldbraun backen und auf einem Kuchengitter abkühlen lassen.

Tagespläne für eine hochkalorische Ernährung

2450 kcal am Tag

Frühstück
Joghurt-Birchermüsli mit Zitrusfrüchten (Seite 72)

Mittagessen
Emmer-Spaghetti mit Avocadopesto (Seite 122)

Abendessen
Kürbis-Brokkoli-Frittata (Seite 158)

1. Zwischenmahlzeit
Beerenquark: 300 g Sahnequark mit 3 EL Mineralwasser cremig rühren. 100 g Beeren (z. B. Blau- und Himbeeren) unterheben. Nach Geschmack mit Zimt oder Vanille abschmecken. Benefit: Liefert reichlich Eiweiß für die Muskulatur.

2. Zwischenmahlzeit
Hummus mit Gemüsesticks: 120 g abgetropfte Kichererbsen (aus der Dose) mit 2 EL Olivenöl, 1 EL Tahin (Sesampaste) und 2 EL Zitronensaft fein pürieren, mit Salz und Kreuzkümmel würzen. 300 g Gemüse (z. B. Möhren, Staudensellerie, rote Paprika) in Streifen schneiden. Benefit: supergesunder Rohkostsnack, ideal auch für unterwegs.

2480 kcal am Tag

Frühstück
Gemüseomelett mit Hüttenkäse (Seite 92) + 1 Scheibe Vollkornbrot (Seite 96)

Mittagessen
Hühnerfrikassee mit Spargel (Seite 140) + Vollkornreis (50 g)

Abendessen
Möhrensuppe mit Ingwer-Croûtons (Seite 161)

1. Zwischenmahlzeit
Mandel-Joghurt-Creme mit Pfirsich: 300 g griech. Sahnejoghurt mit 1 EL Mandelmus cremig rühren und abwechselnd mit 2 klein gewürfelten Pfirsichen in Gläser schichten. Mit 3 EL gerösteten Haferflocken bestreuen. Benefit: Kalzium und Eiweiß sowie probiotische Inhaltsstoffe, die entzündungshemmend wirken.

2. Zwischenmahlzeit
Baguette Caprese: 100 g Vollkornbaguette längs halbieren, Hälften mit je 1 EL Olivenöl beträufeln und mit 1 Handvoll Rucola belegen. 125 g Mozzarella und 2 Tomaten in Scheiben schneiden, überlappend auf die Brote legen, pfeffern und mit etwas Basilikum garnieren. Benefit: Vitalstoffreicher Italo-Imbiss für mehr Energie.

Wer mit Untergewicht zu kämpfen hat, dem können unsere vier kalorienreichen Tagespläne zu ein paar Kilos mehr verhelfen. Hier finden Sie Rezepte für Frühstück, Mittag- und Abendessen aus dem Buch sowie Vorschläge für zwei kleine energiegeladene Snacks, die Sie bei der Gewichtszunahme unterstützen. Die Snackideen sind jeweils für 2 Personen. Weitere Vorschläge für Zwischenmahlzeiten finden Sie auf den Sonderseiten im Rezeptteil.

2425 kcal am Tag

Frühstück
Tsampa-Gewürzbrei mit Papaya (Seite 82)

Mittagessen
Lachs mit Kartoffeln und Paprikaquark (Seite 135)

Abendessen
Gemüse-Zoodles mit Kokossauce (Seite 154) + Dinkelvollkornspaghetti (50 g)

1. Zwischenmahlzeit
Bananen-Schoko-Shake: 1 Banane, 2 EL Cashewmus, 200 ml Cashewdrink, 300 ml Milch (3,5% Fett), 2 EL Kakaopulver (schwach entölt) und 1 Msp. Kardamompulver fein pürieren. Benefit: Enthält gesunde Fette und eine ordentliche Portion Eiweiß.

2. Zwischenmahlzeit
Rote-Bete-Eier mit Kresse: 200 g Rote Beten (vorgegart, vakuumiert) in Scheiben schneiden und mit 2 TL Zitronensaft beträufeln. 2 hart gekochte Eier in Scheiben schneiden, mit den Beten auf Tellern auslegen. Salzen, pfeffern, mit 2 EL Walnussöl beträufeln und mit 1 Handvoll Kresse bestreuen. Benefit: Pusht den Stoffwechsel mit ungesättigten Fettsäuren und Proteinen.

2410 kcal am Tag

Frühstück
Leinöl-Quarkcreme mit Obst (Seite 70)

Mittagessen
Ratatouille-Pasta-Auflauf (Seite 128)

Abendessen
Artischockencreme mit Tofu (Seite 160) + 1 Scheibe Vollkornbrot (Seite 96)

1. Zwischenmahlzeit
Brombeer-Käse-Sticks: 100 g Bergkäse (am Stück; mind. 45% Fett i.Tr.) in 8 Würfel schneiden, abwechselnd mit 6 Brombeeren oder Feigenspalten auf zwei Holzspieße stecken.10 Mandelkerne dazu knabbern. Benefit: Protein- und fettreich und daher der perfekte Energy-Snack.

2. Zwischenmahlzeit
Gurken-Minze-Lassi: 200 g Salatgurke grob schneiden, mit 8 Minzeblättern, 1 EL Pistazienkernen, 300 g griech. Sahnejoghurt und 200 ml Mineralwasser im Mixer pürieren. Mit Salz und Curry abschmecken. Benefit: Dank jeder Menge Probiotika ein erfrischendes und gut bekömmliches Joghurtgetränk.

Entzündungshemmer auf einen Blick

	Substanz	Wo steckt viel davon drin?	Tipp
Antioxidantien*	**Vitamin C** Ascorbinsäure	Obst und Gemüse, vor allem: Paprikaschoten, Brokkoli, Rosenkohl, Grünkohl, Fenchel, Zitrusfrüchte, Erdbeeren, Papaya, Johannisbeeren	Vitamin C ist wasserlöslich und hitzeempfindlich, Gemüse also nur kurz dämpfen.
Antioxidantien*	**Vitamin E** Tocopherole/-trienole	Pflanzenöle, vor allem Olivenöl, Rapsöl, Weizenkeimöl**	Vitamin E ist recht hitzebeständig, übersteht großteils das Kochen.
Antioxidantien*	**Polyphenole** Resveratrol, Flavonoide, Anthocyane	rotes/blaues/violettes Obst und Gemüse wie Äpfel, Beeren, Granatäpfel, Kirschen, Pflaumen; Oliven(öl), Soja; Getränke wie Grüntee, Kaffee, (dunkler) Kakao, Rotwein; viele Gewürze wie Oregano, Zimt	Diese Antioxidantien kommen besonders in den Randschichten und Blättern von Pflanzen vor.
Antioxidantien*	**Carotinoide** Lycopin; Beta-Carotin (Lebensmittelfarbstoff E 160)	Tomaten, Papaya, Grapefruit; Möhren, Feldsalat, Grünkohl, Wassermelonen	Reife Tomaten enthalten viel Lycopin, Dosentomaten und Tomatenmark noch wesentlich mehr.
Bromelain		Ananas	Wirkt auch gerinnungshemmend.
Curcumin (Lebensmittelfarbstoff E 100)		Kurkuma (Gelbwurz), Currypulver	Curcumin hemmt Krebs und ist besonders schmerzlindernd bei Arthrose.
Capsaicin		Chili- und Paprikaschoten	Capsaicin wirkt schmerzlindernd und durchblutungsfördernd.
Monoterpene Campher, Iridoide		in ätherischen Ölen z. B. von Kampferbaum, Teufelskrallenwurzel	Viele ätherische Öle wirken auch antibakteriell und antiviral.
Omega-3-Fettsäuren ALA (Alpha-Linolensäure), DHA (Docosahexaensäure), EPA (Eicosapentaensäure)		Leinöl***, (Mikro-)Algenöl***, Hanföl***, Walnussöl, Rapsöl; Leinsamen, Hanfsamen, Walnusskerne; fetter Seefisch wie Lachs, Hering, Makrele, Sardelle; Mikroalgen (Chlorella, Spirulina)	Omega-3-reiche Pflanzenöle niemals erhitzen und rasch verbrauchen!
Sulfide		Knoblauch und Zwiebelgewächse	Antibakteriell und gefäßschützend.
Spurenelemente Zink, Eisen, Selen		Zink: Hülsenfrüchte, Fisch; Eisen: Petersilie, Sesam; Selen: Paranüsse	Nicht mehr als 2 Paranüsse pro Tag essen!

* Antioxidantien sollten nicht in Form isolierter Präparate aufgenommen werden. Am besten wirken sie im Zusammenspiel mit den anderen natürlichen Inhaltsstoffen.

** Weizenkeimöl nur für die kalte Küche nutzen, da es hitzeempfindliche Fettsäuren enthält.

*** Herstellung möglichst unter Ausschluss von Sauerstoff, Hitze und Licht (Oxyguard-/Omega-safe-Verfahren).

Krebsprävention: 10 wichtige Regeln

1. **Achten Sie auf Ihr Gewicht – BMI nicht über 25 kg/m²:** Je mehr Kilos auf der Waage, desto größer ist das Risiko für diverse Tumoren. Vor allem das Bauchfett sendet Botenstoffe, die das Krebsrisiko erhöhen. Auch zu viel Insulin im Blut spornt Krebszellen zum Wachsen an.
2. **Bleiben Sie in Bewegung:** 150 Minuten pro Woche sollte man Sport machen, um gesund und fit zu bleiben. Vor allem ununterbrochenes Sitzen ist ein Risikofaktor für Krebs, daher am besten stündlich bei der Arbeit aufstehen.
3. **Essen Sie überwiegend pflanzliche Lebensmittel:** Ihr täglicher Speiseplan sollte mindestens drei Portionen Gemüse (400 bis 500 Gramm) enthalten, dazu etwas Obst, Hülsenfrüchte, Nüsse und Vollkornprodukte. Pflanzliche Lebensmittel liefern Ballaststoffe, Vitamine, Mineralstoffe sowie sekundäre Pflanzenstoffe: All das kann das Krebswachstum hemmen.
4. **Verzehren Sie Lebensmittel mit hoher Energiedichte nur begrenzt:** Eine Ernährung mit schlechten Fetten, Zucker (vor allem in Form von Softdrinks) und viel Salz ist der beste Weg ins Übergewicht. Zu viele Pfunde sind DER Risikofaktor für Krebs.
5. **Begrenzen Sie den Verzehr von rotem Fleisch und meiden Sie verarbeitetes Fleisch:** Essen Sie maximal 350 bis 500 Gramm rotes Fleisch pro Woche, denn es liefert viel Häm-Eisen und Arachidonsäure. Diese Substanzen fachen Entzündungen und oxidativen Stress in den Zellen an. Verarbeitete Fleischprodukte können Schadstoffe enthalten, die bei der Haltbarmachung entstehen. Teilweise sind Wurstwaren auch sehr fetthaltig.
6. **Verzichten Sie auf bzw. begrenzen Sie den Alkoholkonsum:** Frauen sollten maximal 10 Gramm Alkohol pro Tag, Männer maximal 20 Gramm pro Tag konsumieren. Das entspricht etwa 0,5 Liter Bier oder 0,25 Liter Wein. Am besten verzichten Sie aber komplett: Alkohol erhöht das Krebsrisiko, denn beim Abbau entstehen Schadstoffe, die Zellen verändern können.
7. **Reduzieren Sie Salz:** Salz in hohen Konzentrationen erhöht das Risiko für Magenkrebs und fördert Entzündungen. Zudem ist Salz ein Appetitanreger und führt leicht zu Übergewicht. Lieber weniger salzen, dafür Speisen mit Gewürzen und Kräutern aromatisieren.
8. **Decken Sie Ihren Nährstoffbedarf ausschließlich durch Lebensmittel:** Vitamintabletten und Co. sind nur bei manchen Menschen nötig, etwa wenn sie einen Nährstoffmangel entwickelt haben. Dies sollte ein Arzt diagnostizieren. Auf eigene Faust eingenommen, können manche Nahrungsergänzungsmittel sogar Krebs fördern.
9. **Für Mütter:** Stillen Sie Ihr Kind möglichst bis zu sechs Monaten voll. Frauen, die ihre Kinder stillen, haben ein geringeres Risiko, an Brustkrebs zu erkranken. Zudem hilft Stillen dabei, übermäßige Pfunde aus der Schwangerschaft abzubauen.
10. **Für Krebspatienten:** Die Empfehlungen zur Krebsprävention gelten auch während der Krankheitsphase. Wer akut an Krebs erkrankt ist, muss unbedingt von ausgebildeten Ernährungsfachkräften betreut werden. Vor allem Gewichtsverlust ist gefährlich. Diesem kann man aber mit einigen Tricks und mit Freude am Essen entgegenwirken.

Sachregister

Rezeptregister

Die Ernährungs-Docs

Dr. med. Jörn Klasen ist Facharzt für Innere Medizin mit Schwerpunkt Magen-, Darm- und Lebererkrankungen, Ernährungsmediziner sowie Arzt für Anthroposophische Medizin und Naturheilverfahren. Er kombiniert die konventionelle Medizin mit komplementärmedizinischen Methoden. Über 15 Jahre war er Chefarzt und zehn Jahre stellvertretender ärztlicher Direktor am Asklepios Westklinikum Hamburg. Seit 2015 ist er leitender Arzt des Zentrums für integrative Medizin am Medizinicum Hamburg. Er gilt als Experte für die Kombination von Schulmedizin und Naturheilkunde.

Dr. med. Matthias Riedl ist ärztlicher Direktor der von ihm 2008 gegründeten medicum Hamburg MVZ GmbH, die Diabetologie und Ernährungsmedizin mit neun angrenzenden Facharztrichtungen ganzheitlich verbindet. Der Internist, Diabetologe und Ernährungsmediziner ist außerdem als Publizist für Fachzeitschriften und Verlage, Dozent auf internationalen Kongressen und Lehrbeauftragter zweier Universitäten tätig. Im Vorstand des Bundesverbands Deutscher Ernährungsmediziner (BDEM e. V.) engagiert er sich für die Förderung der Ernährungstherapie. Das Magazin „Focus" nahm ihn 2013 in seine Empfehlungsliste „Top-Mediziner" auf.

Dr. med. Silja Schäfer ist Ärztin für Allgemeinmedizin und Ernährungsmedizin und führt eine Schwerpunktpraxis für Diabetes und Ernährung in Kiel. Als ehemalige Leistungssportlerin und Trainerin interessierte sie sich schon früh für gesunde Ernährung. Jetzt als Hausärztin liegt es ihr am Herzen, eine gesunde und gesunderhaltende Ernährungsweise für alle zu ermöglichen. Seit Januar 2020 ergänzt sie das Team der Ernährungs-Docs im NDR.

Hinweis

Die Ratschläge in diesem Buch wurden mit größter Sorgfalt von Autoren und Verlag erarbeitet und geprüft. Eine Garantie kann jedoch nicht übernommen werden. Ebenso ist eine Haftung der Autoren bzw. des Verlags und seiner Beauftragten für Personen-, Sach- oder Vermögensschäden ausgeschlossen. Erkrankungen mit ernstem Hintergrund gehören in ärztliche Behandlung! Bei bereits bestehenden Beschwerden kann das Buch daher keinen fachärztlichen Rat ersetzen.

Das Team

Franziska Pfeiffer arbeitet als Journalistin und Autorin für namhafte Verlage und Redaktionen. Nach ihrem Studium absolvierte sie die Henri-Nannen-Journalistenschule und hat sich auf medizinische und ernährungswissenschaftliche Themen spezialisiert.

Claudia Timmann ist gelernte Fotografin und arbeitet seit 2010 freiberuflich in Hamburg. Sie ist deutschlandweit für Verlage und Redaktionen tätig. Ihren besonderen Schwerpunkt legt sie auf Food- und People-Fotografie. Bei den Foodfotos der „Ernährungs-Docs" hat sie der Foodstylist Arno Lenz unterstützt.

Martina Kittler, Ökotrophologin und Sportwissenschaftlerin, arbeitet seit vielen Jahren als freie Food- und Kochbuchautorin. Dabei liegen ihr die Themen Gesundheit, Kochen und Ernährung besonders am Herzen. Sie ist für namhafte Verlage und Redaktionen tätig und hat viele Bücher und Ratgeber veröffentlicht.

Kathrin Burger hat Ökotrophologie studiert und spezialisierte sich dann bald auf die Wissenschaftskommunikation im Bereich Ernährung. Sie arbeitet als freie Journalistin für zahlreiche Verlage und Redaktionen. Ihre Schwerpunktthemen sind: Gesundheit, Umwelt und Gesellschaft.

Hilfreiche Links

Deutsche Krebshilfe: *www.krebshilfe.de*

Deutsche Krebsgesellschaft:
www.krebsgesellschaft.de

Krebsinformationsdienst des Deutschen Krebsforschungszentrums:
www.krebsinformationsdienst.de

Netzwerk Onkologische Spitzenzentren:
www.ccc-netzwerk.de

Robert Koch-Institut: *www.rki.de*

WHO (Weltgesundheitsorganisation):
www.who.int

WCRF (World Cancer Research Fund International): *www.wcrf.org*

Patientenbroschüren

Deutsche Krebshilfe: Ernährung bei Krebs:
https://www.krebshilfe.de/infomaterial/Blaue_Ratgeber/Ernaehrung-bei-Krebs_BlaueRatgeber_DeutscheKrebshilfe.pdf

TUM: Ernährung in der Krebstherapie:
https://www.mri.tum.de/sites/default/files/seiten/ernaehrung_bei_krebs_0.pdf

Kompetente Ernährungsberatung

Bundesverband Deutscher Ernährungsmediziner:
www.bdem.de

Berufsverband Oecotrophologie:
www.vdoe.de/beruf/vdoe-expertensuche

Literatur

Baudry, J., Assmann, K., Touvier, M. et al. (2018). Association of Frequency of Organic Food Consumption With Cancer Risk Findings From the NutriNet-Santé Prospective Cohort Study. JAMA Intern Med. 2018; 178(12): 1597-1606.
DOI:10.1001/jamainternmed.2018.435

Behrens, G., Gredner, T., Stock, C., Leitzmann, M. F., Brenner, H., & Mons, U. (2018). Cancers Due to Excess Weight, Low Physical Activity, and Unhealthy Diet. *Deutsches Arzteblatt international*, 115(35-36), 578–585.
https://doi.org/10.3238/arztebl.2018.0578

Bouvard, V., Loomis, D., Guyton, K. Z., Grosse, Y., Ghissassi, F. E., Benbrahim-Tallaa, L., Guha, N., Mattock, H., Straif, K., & International Agency for Research on Cancer Monograph Working Group (2015). Carcinogenicity of consumption of red and processed meat. *The Lancet. Oncology*, 16(16), 1599–1600.
https://doi.org/10.1016/S1470-2045(15)00444-1

Chajès, V., Assi, N., Biessy, C. et al. (2017). A prospective evaluation of plasma phospholipid fatty acids and breast cancer risk in the EPIC study. *Annals of oncology: official journal of the European Society for Medical Oncology*, 28(11), 2836–2842.
https://doi.org/10.1093/annonc/mdx482

Danhauer, SC., Addington, EL., Cohen, L., Sohl, SJ., Van Puymbroeck, M., Albinati, NK., Culos-Reed, SN. (2019). Yoga for symptom management in oncology: A review of the evidence base and future directions for research. Cancer. 2019 Apr 1. doi: 10.1002/cncr.31979.

Debras, Ch. et al. (2022). Artificial sweeteners and cancer risk: Results from the NutriNet-Santé population-based cohort study. *PLoS medicine* vol. 19,3 e1003950. 24 Mar. 2022, doi:10.1371/journal.pmed.1003950

Doege, D., Thong, M. S. Y., Weißer, L., Koch-Gallenkamp, L., Jansen, L., Bertram, H., Eberle, A., Holleczek, B., Nennecke, A., Pritzkuleit, R., Waldmann, A., Zeissig, S. R., Brenner, H., & Arndt, V. (2021). Health-related quality of life in very longterm cancer survivors 14–24 years post-diagnosis compared to population controls: A population-based study. *Cancers*, 13(11), [2754]. https://doi.org/10.3390/cancers13112754

Erickson, N., Buchholz, D., Hübner, J. für die Arbeitsgemeinschaft Prävention und Integrative Onkologie (PRIO) der Deutschen Krebsgesellschaft (DKG). Stellungnahme zu ketogenen und kohlenhydratarmen Diäten bei Menschen mit Krebs. Ernährungs Umschau 9/2017

Hübner, J. Alternativmedizin: ...von „Krebsdiäten". Deutsches Ärzteblatt 2016; 113(6).
DOI: 10.3238/PersOnko/2016.02.12.07

Inan-Eroglu, E. et al. (2022). Overweight and obesity may exacerbate harmful effects of alcohol on cancer risk. *European Association for the Study of Obesity*

Kim, H., Rebholz, C. M., Hegde, S., LaFiura, C., Raghavan, M., Lloyd, J. F., Cheng, S., & Seidelmann, S. B. (2021). Plant-based diets, pescatarian diets and COVID-19 severity: a population-based case-control study in six countries. *BMJ nutrition, prevention & health*, 4(1), 257–266.
https://doi.org/10.1136/bmjnph-2021-000272

Longo, V. D., & Anderson, R. M. (2022). Nutrition, longevity and disease: From molecular mechanisms to interventions. *Cell*, 185(9), 1455–1470.
https://doi.org/10.1016/j.cell.2022.04.002

Lu, S., Mohammed, Z., Häggström, C., Myte, R., Lindquist, E., Gylfe, Å., Van Guelpen, B., & Harlid, S. (2022). Antibiotics Use and Subsequent Risk of Colorectal Cancer: A Swedish Nationwide Population-Based Study. *Journal of the National Cancer Institute*, 114(1), 38–46.
https://doi.org/10.1093/jnci/djab125

Medizin+: Studie: Schützen kleine Infekte in der Kindheit vor Krebs? Abgerufen von
https://medizin.plus/studie/kindheitsinfektionen-krebs

Mörixbauer, A: Soja, Sojaisoflavone und gesundheitliche Auswirkungen. Ernährungs Umschau 3/2019.
DOI: 10.4455/eu.2019.012

Niedermaier, T., Gredner, Th., Kuznia, S., Schöttker, B., Mons, U., Brenner, H. (2021). Potential of Vitamin D Food Fortification in Prevention of Cancer Deaths – A Modeling Study. *Nutrients* 13, no. 11: 3986.
https://doi.org/10.3390/nu13113986

Perrar, I., Alexy, U. (2021). Zuckerverzehr von Kindern und Jugendlichen in Deutschland. Ernährungs Umschau 2021; 68(2): M86-91.DOI: 10.4455/eu.2021.009

Pfeuffer, M., Watzl, B. (2018). Gesundheitliche Bewertung von Milch und Milchprodukten und ihren Inhaltsstoffen: Nutrition and health aspects of milk and dairy products and their ingredients. Ernaehrungs Umschau 65 (2018), 22-33. e14-e17. https://doi.org/10.4455/eu.2018.006

Renner B, Arens-Azevêdo U, Watzl B, Richter M, Virmani K, Linseisen J for the German Nutrition Society (DGE). DGE position statement on a more sustainable diet. Ernährungs Umschau 2021; 68(7): (published ahead of print on 8 June 2021). The English version of this article is available online: DOI: 10.4455/eu.2021.030

Robert Koch-Institut (2021). Krebs in Deutschland für 2017/2018, 13. Auflage, Berlin 2021

Rohrmann, S., Hermann, S. Onkologische Prävention - inwiefern ist die Ernährung entscheidend?. *Onkologe* 27, 100–107 (2021).
https://doi.org/10.1007/s00761-020-00894-4

S3-Leitlinie „Komplementärmedizin in der Behandlung von onkologischen PatientInnen". Abgerufen unter https://www.leitlinienprogramm-onkologie.de/leitlinien/komplementaermedizin/

Scherübl, H. (2019). Alkoholkonsum und Krebsrisiko [Alcohol Use and Cancer Risk]. *Deutsche medizinische Wochenschrift* (1946), 144(19), 1354–1360.
https://doi.org/10.1055/a-0928-0586

Song, M., Fung, T. T., Hu, F. B., Willett, W. C., Longo, V. D., Chan, A. T., & Giovannucci, E. L. (2016). Association of Animal and Plant Protein Intake With All-Cause and Cause-Specific Mortality. *JAMA internal medicine*, 176(10), 1453–1463.
https://doi.org/10.1001/jamainternmed.2016.4182

Tomasetti, C. et al. (2017). Stem cell divisions, somatic mutations, cancer etiology, and cancer prevention. *Science* (Vol 355, Issue 6331), 1330–1334.
https://doi.org/10.1126/science.aaf9011

Unger, J. M., Vaidya, R., Albain, K. S., LeBlanc, M., Minasian, L. M., Gotay, C. C., Henry, N. L., Fisch, M. J., Lee, S. M., Blanke, C. D., & Hershman, D. L. (2022). Sex Differences in Risk of Severe Adverse Events in Patients Receiving Immunotherapy, Targeted Therapy, or Chemotherapy in Cancer Clinical Trials. *Journal of clinical oncology: official journal of the American Society of Clinical Oncology*, 40(13), 1474–1486.
https://doi.org/10.1200/JCO.21.02377

World Cancer Research Fund (WCRF). Continuous Update Project (CUP), Third Expert Report: Diet, nutrition, physical activity and cancer. www.wcrf.org/dietandcancer

ZU DEN AUTOR*INNEN

2015 war das Geburtsjahr einer bisher einzigartigen Fernsehreihe des NDR: Seither helfen die „Ernährungs-Docs“ Menschen, die an ihren Gesundheitsproblemen fast verzweifeln. Für **Jörn Klasen, Silja Schäfer** und **Matthias Riedl,** allesamt erfahrene Ärzte, gilt: Essen als Medizin! Sie setzen auf moderne Ernährungsstrategien, um Symptome deutlich zu verbessern oder Krankheiten sogar zu heilen. Und beweisen an Bord ihrer Hausboot-Praxis, dass durch eine Umstellung der Gewohnheiten oft schon binnen weniger Monate erstaunliche Erfolge erzielt werden können.

Weitere Bücher der Autoren:

- → Die Ernährungs-Docs
- → Diabetes heilen
- → Starke Gelenke
- → Gute Verdauung
- → Gesunde Haut
- → Starkes Herz
- → Supergesund mit Superfoods
- → Zuckerfrei gesünder leben
- → So stärken Sie Ihr Immunsystem
- → Gesund und schlank durch Intervallfasten
- → Unser Anti-Bauchfett-Programm

IMPRESSUM

Hinter jedem tollen Buch steckt ein starkes Team

Projektleitung: *Kathrin Ullerich*
Texte: *Franziska Pfeiffer, Kathrin Burger*
Rezepte: *Martina Kittler*
Lektorat: *Eva-Maria Hege*
Redaktionelle Mitarbeit: *Katharina Henze*
Covergestaltung: *ZERO Werbeagentur, München*
Grafische Gestaltung und Satz: *Julia Arzberger, Georg Feigl, ZERO Werbeagentur*
Fotografie: *Claudia Timmann (andere siehe Bildnachweis)*
Foodstyling: *Arno Lenz*
Herstellung: *Frank Jansen*
Producing: *Jan Russok*
Druck & Bindung: *optimal media GmbH, Röbel*

In Zusammenarbeit mit und lizenziert durch
nonfictionplanet GmbH, Hamburg

1. Auflage 2022

Kaiserstraße 14 b
D-80801 München
ISBN: 978-3-96584-260-1

BILD- UND QUELLENNACHWEIS

Nonfictionplanet: 49; Shutterstock: 6, 21, 24, 25, 27, 29, 30, 31, 33, 34, 35, 38, 40, 56, 57, 60, 61, 62, 64, 65, 66, 181, 183, 185; Andreas Sibler: 194. Illustrationen: Pauline Karlson

Der Test auf den Seiten 38–41 stammt aus dem Magazin „Dr. Riedls Iss Dich gesund“, erschienen im Klambt Verlag.

LIEBE LESER*INNEN

wie schön, dass Sie ein Buch von ZS in den Händen halten. „jetzt leben!“ ist das Motto unseres Verlages. Es steht für Genuss und Inspiration, Unterstützung und Motivation. Ob Kulinarik oder Fitness, Gesundheit oder Lebenshilfe – seit über 30 Jahren bieten wir kompetente Ratgeber für (fast) alle Lebenslagen. Wir lieben Tradition genauso wie Innovation – sie treiben uns an. Unsere Autor*innen sind Menschen, die zu ihrem Thema wirklich etwas zu sagen und zu schreiben haben. Unsere Produkte sind erzählerisch, appetitmachend und als gedruckte Bücher haptisch echte Erlebnisse. Für Sie mit ganz viel Liebe gemacht! Entdecken Sie mehr aus unserer wunderbaren Welt!

UNSER VERLAGSHAUS

Mit Standorten in München, Hamburg und Berlin zählt die Edel Verlagsgruppe zu den größten unabhängigen Buchanbietern Deutschlands. Zur Edel Verlagsgruppe gehört unter anderem ZS mit seinen Lizenzmarken Dr. Oetker, Kochen & Genießen und Phaidon by ZS.

ZS – Ein Verlag der Edel Verlagsgruppe
www.zsverlag.de
www.facebook.com/zsverlag
www.instagram.com/zsverlag

FÜR DIE UMWELT

ZS unterstützt bei der Produktion dieses Buches das Projekt „Junge Riesen für die nächsten 100 Jahre“ im Naturpark Nossentiner/Schwinzer Heide. Damit wird ein Anteil der unvermeidbaren CO_2-Emissionen im direkten Umfeld des Produktionsstandortes kompensiert.

PARTNER Naturpark Nossentiner/Schwinzer Heide
www.optimal-media.com/naturschutzprojekt-001